Das antenne BAYERN
Schmankerlbuch

...wo Bayern am besten schmeckt!

Die besten Rezepte aus der
ANTENNE BAYERN-Radioshow

Inhalt

Vorwort

Andi Christl
ANTENNE BAYERN-Reporter

Liebe Schmankerl-Freunde,

wir von ANTENNE BAYERN sagen mit Stolz und von ganzem Herzen: »Wir lieben Bayern!« Denn unsere Heimat ist wirklich etwas ganz Besonderes. Dazu gehört vor allem auch die berühmte bayerische Küche. Wer einmal ein original bayerisches Schmankerl genießen durfte, der weiß, warum Liebe sprichwörtlich durch den Magen geht: Spezialitäten aus Bayern sind extrem lecker, traditionell und vor allem ehrlich – genauso wie dieses Buch!

Rezeptbücher gibt es ja viele. Kochbücher finden Sie an jeder Ecke. Aber ein bayerisches Kochbuch, bei dem Wirtsleute und Köche Sie wirklich in ihre Töpfe blicken lassen und Ihnen ihr Geheimnis für eine bayerische Spezialität verraten, das ist das Besondere am Schmankerl-Kochbuch von ANTENNE BAYERN. Die Rezepte sind echt. Sie funktionieren, sie sind bodenständig und konzentrieren sich auf das Wesentliche.

Ich habe Klassiker für Sie zusammengestellt wie das Fränkische Schäufele oder den Aischgründer Karpfen, den Schweinsbraten und die Allgäuer Kässpatzen. Es gibt aber auch viele regionale Gerichte zu entdecken, die nicht so bekannt sind. Oder kennen Sie »Bohnakern mit Dörrfleisch« aus

Franken, würzige Kräuterdampfnudeln aus Oberbayern oder das niederbayerische wunderbare Reste-Essen »Bauernbratl«?

Mit diesem Buch können Sie ganz Bayern erleben, sozusagen von der Küche aus – und wenn Sie Lust haben, die Originalspeise direkt vor Ort zu genießen, dann fahren Sie doch einfach in das Wirtshaus, aus dem das Rezept stammt. Die Adressen stehen immer direkt bei den Rezepten.

Weil uns bei ANTENNE BAYERN das echte und ehrliche Bayern wirklich am Herzen liegt, sind wir tatsächlich für diese unverfälschten bayerischen Rezepte durch den ganzen Freistaat gefahren. Ich habe in Kochtöpfe geschaut, am Herd gestanden, mitgekocht und anschließend natürlich alles probiert. Mit Sicherheit war das bisher der nahrhafteste und schönste Auftrag, den ich als Reporter bei ANTENNE BAYERN bekommen habe!

Auf der Suche nach den besten Rezepten aus ganz Bayern habe ich nicht nur wunderbares Essen gefunden, sondern auch außerordentliche Menschen. Dabei ist mir wieder einmal bewusst geworden, was unsere Wirtsleute jeden Tag leisten. Sie leben ihren Job, und zwar rund um die Uhr.

Unterfranken

Oberfranken

Bayreuth ●

Würzburg ●

Mittelfranken

Ansbach ●

Oberpfalz

Regensburg ●

Niederbayern

Landshut ●

Schwaben

Augsburg ●

München ●

Oberbayern

Böfflamott

Rothenburger
Hochzeitssuppe

Steckerlfisch

Kräuterdampfnudeln

= Hier kommen die Schmankerl her

Unsere Wirtshäuser sind der Mittelpunkt des Lebens in Bayern. Da finden die Vereinssitzungen statt, da wird diskutiert, da tagt der Stammtisch und manchmal wird einfach der große Festsaal zum Spieleparadies für Kinder umfunktioniert.

Ich weiß, wovon ich rede, denn ich bin auch in einem Wirtshaus aufgewachsen! Jetzt sagen Sie vielleicht: »Aber den besten Kartoffelsalat gibt's doch nicht im Wirtshaus, sondern bei der Mama!«

Das stimmt! Deshalb finden Sie in diesem Buch auch das Kartoffelsalat-Rezept einer richtigen bayerischen Mama ... nämlich das von meiner! Aber vergessen Sie nicht: Es gibt sehr, sehr viele Mütter im Freistaat.

Jetzt wünsche ich Ihnen viel Spaß beim Essen! Habe die Ehre und bleibt's g'sund!
Euer
Andi Christl

Vorneweg oder zur Brotzeit

Der Geheimtipp des Kochs

Grieben heißen die klein geschnittenen, ausgelassenen Speckwürfel. Für ein gutes Griebenschmalz unbedingt ungeräucherten Speck
verwenden. Wenn Sie das Griebenschmalz servieren, sollten Sie es etwa
zwei Stunden zuvor aus dem Kühlschrank nehmen. Dadurch lässt es sich
besser aufs Brot schmieren und schmeckt aromatischer.

Griebenschmalz

1 Flomen in Würfel schneiden und in einem Topf schmelzen lassen. Ist das Fett flüssig, dieses sehr vorsichtig (es ist sehr heiß!) durch ein Sieb gießen. Den Speck sehr klein würfeln und in einer heißen Pfanne auslassen, bis die knusprigen Grieben entstehen.

2 Apfel- und Zwiebelwürfel dazugeben, kurz mitrösten und abkühlen lassen. Ist auch das Flomenfett abgekühlt, alle Zutaten schön gleichmäßig miteinander vermischen und mit Salz und Pfeffer würzen.

3 Das fertige Griebenschmalz am besten in Schraubgläser oder Keramikbecher füllen und im Kühlschrank lagern. So hält es sich einige Wochen.

Für 4 Personen

250 g Flomen (Bauchwandfett vom Schwein)

250 g Speck (nicht geräuchert)

2 säuerliche Äpfel, geschält und fein gewürfelt

2 mittelgroße Zwiebeln, fein gewürfelt

Salz, Pfeffer

www.frischemetzger.de

Dieses Rezept kommt von

Metzgerei Thein
Kasernenstr. 9
96450 Coburg
Tel.: 09561/922 60

Warum gerade hier?

Griebenschmalz gab's schon im Mittelalter. Auch auf der Veste Coburg haben Ritter und Könige diesen Brotaufstrich verspeist und noch heute ist er eine beliebte Komponente bei jeder Brotzeit. Griebenschmalz wird aus dem Flomen – einem besonderen Stück Schweinefett – zubereitet. Damit kennt sich hier in der Region wohl niemand besser aus als die Metzgerei Thein, denn die wurde schon vom Fachmagazin »Der Feinschmecker« ausgezeichnet.

Obazda

1 Den Brie in eine große Schüssel bröckeln und mit einem Kartoffelstampfer zerdrücken. Kleinere Portionen können Sie auch mit der Gabel zerdrücken, größere durch den Fleischwolf drehen, falls Sie einen haben. Anschließend die restlichen Zutaten dazugeben und alles gut vermengen.

Serviervorschlag

Den Obazden auf Tellern anrichten, etwas Paprika, Kümmel, Schnittlauch sowie Petersilie darüberstreuen und alles mit Zwiebelringen sowie kleinen Salzbrezeln garnieren. Am besten passt eine knusprige Breze oder frisches Bauernbrot dazu.

www.braeustuberl-weihenstephan.de

Warum gerade hier?

Weil der Obazda auf dem Weihenstephaner Berg erfunden wurde. Im Jahr 1958 hat Katharina Eisenreich, die ehemalige Wirtin vom Bräustüberl, zum ersten Mal Brie, Butter und Gewürze zu einem Obazden zusammengemischt. Seitdem ist er von keiner Brotzeitplatte mehr wegzudenken! In Franken wird der Obazda übrigens »Gerupfter« genannt.

Dieses Rezept kommt von

Bräustüberl Weihenstephan
Weihenstephaner Berg 10
85354 Freising
Tel.: 08161/130 04

Der Geheimtipp des Kochs

Das Geheimnis ist ein kleiner Schuss weißbier. Der rundet den Geschmack ab und macht den obazden schön cremig. Die zwiebel verliert etwas an Schärfe, wenn Sie diese in kleine würfel schneiden und den Saft mithilfe eines Küchentuchs ausdrücken. Brie, Butter, zwiebeln, Salz, Pfeffer, Paprikagewürz und Kümmel gehören zum originalrezept. Der Frisch-käse kam erst in der heutigen zeit als zutat dazu, weil er das Gericht be-kömmlicher macht.

Der Geheimtipp des Kochs

Geheimnisse beim Brotbacken gibt's Tausende. Die zwei wichtigsten sind wohl Erfahrung und vor allem Zeit. 80% des Geschmacks kommen über die Kruste, und die bekommt man durch genügend Ruhezeiten und die richtige Temperatur wie im Rezept beschrieben.

Ein gutes Brot entfaltet seinen vollen Geschmack übrigens erst nach einem Tag. Brot vom Vortag schmeckt also sogar besser als frisches!

Wer keinen frischen Natursauerteig bekommt, kann alternativ auf Trockensauerteig aus dem Supermarkt zurückgreifen. Für die Zugabemenge gilt die Angabe des Herstellers auf der Verpackung.

Bauernbrot

1 Alle Zutaten zu einem Teig verkneten. Mit Knethaken und Küchenmaschine dauert das ca. 10 Minuten. Danach den Teig das erste Mal für ca. 20 Minuten unter einem Tuch bei Zimmertemperatur ruhen lassen.

2 Anschließend zwei Laibe Brot daraus formen und diese wiederum für ca. 40 Minuten bei Zimmertemperatur gehen lassen. Währenddessen den Ofen vorheizen, 240 °C (Ober- und Unterhitze) sind bei einem Elektroofen optimal. Stellen Sie eine kleine feuerfeste Form mit Wasser in den Ofen, damit sich Dampf entwickelt.

3 Jetzt das Brot bei hoher Temperatur kurz anbacken, das heißt: Laibe aufs Blech geben und für ca. 20 Minuten bei 240 °C in den Ofen schieben. Danach die Form mit dem Wasser wieder herausnehmen, die Temperatur auf ca. 200 °C reduzieren und die Laibe für weitere 30 – 40 Minuten langsam fertig backen. Wird's oben zu dunkel – einfach Oberhitze ausschalten. Ob das Brot auch innen durchgebacken ist, lässt sich ganz leicht prüfen. Einfach unten mit den Fingerspitzen draufklopfen – klingt's hohl, ist's fertig!

Für 2 Brote

600 g frischer Natursauerteig vom Bäcker

510 g Roggenmehl Type 1150

150 g Weizenmehl Type 1050

20 g Salz

15 g Hefe

3 g Brotgewürz (Kümmel, Koriander, Fenchel, Anis)

500 g Wasser

Bad Kissingen, Kurhaus

Dieses Rezept kommt von

Bäckerei Hedrich
Winkelser Str. 53
97688 Bad Kissingen
Tel.: 0971/42 41

Warum gerade hier?

Heriberts Brote sind schon mehrmals vom Bayerischen Landwirtschaftsministerium mit dem Staatsehrenpreis ausgezeichnet worden. Demnach gehören seine Brote zu den besten Bayerns. In der Bäckerei Hedrich wird alles frisch hergestellt: jeder Kuchen, jede Semmel, jede Breze und auch jedes einzelne Brot. Im Gegensatz zu den industriellen Großbäckereien verwendet Heribert keinerlei Konservierungsstoffe.

Leider stirbt das Bäckerhandwerk nach und nach aus. Unterstützen Sie also Ihren örtlichen Bäcker, auch wenn die Semmel vielleicht zwei Cent mehr kostet. Der gute Geschmack wird Sie entschädigen!

Bayerischer Wurstsalat

Für 4 Personen

600 g Regensburger Würste, enthäutet

2 Zwiebeln

frischer, fein geschnittener Schnittlauch

Für den »Stand« (Soße)

ca. 150 ml Branntweinessig

ca. 400 ml Wasser

Salz, Pfeffer

1 EL süßer Senf

1–2 EL Zucker

2 EL neutrales Öl (Rapsöl, Sonnenblumenöl)

1 Für den »Stand« Essig, Wasser, je eine Prise Salz und Pfeffer sowie den süßen Senf in einer Schüssel verrühren. Zucker dazugeben, er dient als natürlicher Geschmacksverstärker und sorgt für eine süßsaure Note. Zuletzt das Öl einrühren.

2 Die Regensburger in feine Scheiben schneiden, die Zwiebeln in feine Ringe. Beides in eine Schüssel geben und mit dem Stand vermischen. Wer möchte, schneidet noch Essiggurken hinein.

3 Zum Schluss den Wurstsalat mit fein geschnittenem Schnittlauch verfeinern und garnieren.

Serviervorschlag
Am besten frisches Bauernbrot oder Brezen dazu reichen.

www.eschenwecker.net

Warum gerade hier?
Der echte bayerische Wurstsalat wird aus den Regensburger Würsten gemacht. Eine der wenigen Metzgereien in Regensburg, die noch selber wursten, ist die Metzgerei Eschenwecker. Hier wird der Wurstsalat täglich frisch zubereitet, und zwar nach einem alten Familienrezept!

Dieses Rezept kommt von
Metzgerei Eschenwecker
Karthauser Str. 5
93051 Regensburg
Tel.: 0941/969 66

Der Geheimtipp des Kochs

Für den bayerischen Wurstsalat unbedingt ein neutrales Öl verwenden. Raps- oder Sonnenblumenöl sind super – Olivenöl eignet
sich überhaupt nicht. Auch wenn man's nicht denken würde, aber für einen
guten bayerischen Wurstsalat braucht man viel Gefühl. Ist er zu sauer, gibt
man Zucker dazu, ist er zu süß, fehlt Essig. Schmeckt er fad, muss noch
Salz hinein. Doch die Geheimzutaten in Regensburg sind ein großer Löffel
süßer Senf und jede Menge Schnittlauch.

Der Geheimtipp des Kochs

Für einen guten Kartoffelsalat sollte man keine »neuen« Kartoffeln verwenden, da diese noch nicht so viel Stärke enthalten wie die
anderen. Wichtig ist auch, dass man festkochende Kartoffeln nimmt. Familie
Christl bevorzugt die Sorte »Annabelle«. Die gekochten Knollen lassen sich am
besten schälen, wenn sie noch warm sind. Zudem sollten sie im handwarmen
Zustand geschnitten und mit der Soße vermengt werden.

Mamas Kartoffelsalat
(von Andi Christls Mama)

1 Die Kartoffeln gar kochen. Wenn Sie mit einer Küchengabel in die Knolle stechen und diese von ganz allein wieder von der Gabel ins Wasser rutscht, sind die Kartoffeln fertig. Wasser abgießen, Kartoffeln schälen und abkühlen lassen, bis sie handwarm sind.

2 Jetzt die Kartoffeln in dünne Scheiben schneiden – Andi Christls Mama verwendet hierfür genau 796 Gramm gekochte, geschälte und bereits in Scheiben geschnittene Kartoffeln. Dazu kommen Wasser, Essig, Salz, Zucker, die Zwiebelwürfel und der gemahlene Pfeffer. Alles mit den Fingern kurz vermischen, danach den Kartoffelsalat etwa 10 Minuten ziehen lassen.

3 Erst jetzt kommt das Öl dazu; anschließend alles noch einmal gut durchmischen und der Kartoffelsalat ist fertig. Natürlich dürfen Sie gerne nachwürzen! Zum Schluss das Ganze mit frisch geschnittenem Schnittlauch garnieren.

Für 4 Personen

796 g festkochende Kartoffeln

88 g lauwarmes Wasser

33 g Branntweinessig

11 g Salz

10 g Zucker

68 g Zwiebeln, fein gewürfelt

etwas frisch gemahlener Pfeffer

19 g Sonnenblumenöl oder Rapsöl

frischer Schnittlauch

Dieses Rezept kommt von
Mama Christl – der Mutter von ANTENNE BAYERN-Schmankerl-show-Reporter Andi Christl.

Warum gerade hier?
Andi Christls Mama war über 30 Jahre lang Wirtin und unter anderem für den bayerischen Kartoffelsalat im Lokal verantwortlich. Im Laufe ihres Lebens hat sie sicherlich ein paar Tonnen dieser gelben Köstlichkeit gezaubert und dadurch natürlich sehr viel Erfahrung in Sachen »Erdäpfelsalat« gesammelt. Außerdem gibt's den besten Kartoffelsalat immer bei der Mama – eben auch bei Andi Christls! Ein besonderer Geschmack erfordert allerdings besondere Maßnahmen. Damit er wirklich so gut schmeckt wie bei Mama Christl, wurden alle Zutaten ausnahmsweise genau abgewogen. Mütter machen einen Kartoffelsalat nämlich nie nach Rezept, sondern nach Gefühl!

Tellersülze

Für 5 Portionen

800 g Schweineschulter ohne Knochen

800 g Schweinebauch (zugeschnitten)

1/4 l Essig

Salz, Zucker

Lorbeerblätter

Wacholderbeeren

Nelken

Pfefferkörner

1/2 Zwiebel

3 hart gekochte Eier

1 Karotte, gegart und gestiftelt

1 Essiggurke in Scheiben

50 g Gelatine (240 Bloom)

ca. 3 l Wasser

1 Das Fleisch mit Essig, Salz und Zucker in einen Topf geben. Mit Wasser auffüllen, bis das Fleisch komplett bedeckt ist. Aufkochen lassen, den Schaum abschöpfen und alles köcheln lassen. Nach ca. 30 Minuten Gewürze und Zwiebel hinzufügen. Hat das Fleisch nach ca. 2½ Stunden seine gewünschte Konsistenz erreicht, den Topf vom Herd nehmen. Das Fleisch verbleibt im Topf und kühlt mit ab. Ist das Fleisch handwarm, Knorpel, Knochen und die Haut vom Schweinebauch entfernen. Anschließend wieder in den Fond zurücklegen und für 12 Stunden kalt stellen.

2 Am nächsten Tag das Fleisch aus dem Fond nehmen, portionieren und in Suppentellern zusammen mit je 2–3 Eischeiben, einigen Karottenstiften und Gurkenscheiben anrichten. Den Fond selbst mithilfe eines Tuches passieren. Nur ca. ein Fünftel des Fonds erhitzen und die Gelatine (pro Liter Fond rechnet man mit 24 g Gelatine) darin auflösen (siehe Geheimtipp). Mit dem übrigen Fond wieder mischen und auf die Teller verteilen (etwa 250 ml Fond pro Teller). Die Sülze kalt stellen; sie ist nach ca. 1½ Stunden servierbereit.

Serviervorschlag

Hübsch sieht es aus, wenn Sie vor dem Servieren einige Schnittlauchröllchen über die Sülze streuen.

Warum gerade hier?

Die Bamberger Traditionsgaststätte wird im Jahre 1500 erstmals urkundlich erwähnt. Ihre freitags angebotene Tellersülze ist ein Klassiker der kalten Küche, der seine Zeit überdauert hat und heute wie damals bei Jung und Alt hohen Zuspruch findet. Die Herstellung blieb unverändert und ist in Kombination mit Bratkartoffeln ein Hochgenuss zur warmen Jahreszeit.

Dieses Rezept kommt von

Englischer Garten »Zum Bockser«
Schweinfurter Str. 1
96049 Bamberg
Tel.: 0951/614 70

Der Geheimtipp des Kochs

Die Konsistenz des Fleisches muss passen: Ist das Fleisch zu
fest, wird es nach dem Erkalten zäh und trocken, ist es zu weich,
lassen sich daraus keine schönen Scheiben schneiden. Außerdem sollte
der Fond regelmäßig abgeschöpft werden, um eine Trübung zu vermeiden.
Schmecken Sie den Fond auch richtig ab: Er sollte im heißen Zustand essig-
scharf und überwürzt schmecken, denn nach dem Erkalten verliert er seine
»Bissigkeit« und wird ausgewogen. Fettaugen auf dem fertigen Gelee
können Sie vermeiden, indem Sie nur einen kleinen Teil des Fonds erhitzen,
um die Gelatine darin aufzulösen. Dann gießen Sie den heißen, mit Gelatine
versetzten Fond in den kalten zurück.

Kürbissuppe

Für 4 Personen

800 g Muskat-Kürbis, geschält und entkernt

2 mittelgroße Zwiebeln

2 Knoblauchzehen

1 TL geriebener Ingwer

50 g Butter

1 l Gemüsebrühe

200 g Sahne

Salz, Pfeffer, Chili

Kürbiskernöl

evtl. Kürbiskerne zum Bestreuen

1 Das Kürbisfleisch in Stücke schneiden. Zwiebeln und Knoblauchzehen abziehen und fein würfeln. In einem Topf Zwiebeln, Knoblauch und Ingwer in Butter glasig anschwitzen. Den Kürbis hinzugeben, mit Brühe aufgießen und rund 30 Minuten köcheln lassen.

2 Jetzt die Sahne dazugeben und alles mit dem Pürierstab durchmixen. Sollte die Konsistenz zu dick sein, noch etwas Gemüsebrühe dazugießen. Zuletzt mit Salz, Pfeffer und Chili abschmecken. Vor dem Servieren mit etwas Kürbiskernöl beträufeln und evtl. einige Kürbiskerne darüberstreuen.

Serviervorschlag

Die Suppe in einem ausgehöhlten Kürbis servieren.

www.egloffsteiner-hof.de

Warum gerade hier?

Altendorf trägt den Titel »Kürbisdorf«, und das kommt nicht von ungefähr. Der Ort gehört zu den größten Kürbis-Anbaugebieten bei uns in Bayern. Vor ca. 40 Jahren haben hier sehr viele Landwirte begonnen, Kürbisse zu ziehen. Grund waren die im benachbarten Bamberg stationierten amerikanischen Soldaten, die ja gerade zu Halloween ganz narrisch auf Kürbisse sind. In Altendorf wird außerdem jährlich ein riesiges Kürbisfest veranstaltet.

Dieses Rezept kommt von

Gasthof Egloffsteiner Hof
Egloffsteiner Ring 2
96146 Altendorf
Tel.: 09545/313

Rezept s. S. 22/23

Rothenburger Hochzeitssuppe

Der Geheimtipp des Kochs

Ein köstlicher Klassiker für festliche Anlässe, der allerdings ein wenig Zeit erfordert. Der Geschmack belohnt dafür umso mehr! Ein Tipp zu den Markklößchen: Gekühlter Teig lässt sich sauberer verarbeiten – die Klößchen sollten daher vor dem Kochen immer schön kühl sein. Im Sieb lassen sich viele Markklößchen auf einmal formen.

Für die Rinderkraftbrühe

1 kg Rindermarkknochen und Rinderknochen

1 Gemüsebund (Lauch, Sellerie, Karotte)

1 Zwiebel

Salz, Pfeffer

200 g Rinderwade

150 g Sellerie und Karotte

5 Eiweiß

2–3 Eiswürfel

Für die Leberklößchen

250 g Rinderleber

1 altbackene Semmel

1 Ei

nach Belieben Majoran

Salz, Pfeffer

Rothenburger Hochzeitssuppe

1 Für die Brühe zunächst eine Bouillon herstellen. Dafür Rindermarkknochen und Rinderknochen in kochendem Wasser abbrühen, dann abspülen. Zwei Liter kaltes Wasser in einen Topf füllen, die Knochen sowie das geputzte Gemüsebund hineingeben und alles aufkochen. (Noch geschmackvoller wird die Bouillon, wenn man gleich einen Tafelspitz oder ein anderes Stück Rindfleisch mitkocht.) Nun die ungeschälte Zwiebel halbieren, mit der Schnittfläche nach unten in einer Pfanne anbraten, bis sie richtig schwarz ist, und dann in den Topf dazugeben. Das sorgt für eine schöne goldgelbe Farbe der Brühe. Wenn das Fleisch gar ist (die Brühe sollte 2–3 Stunden köcheln), die Bouillon durchpassieren, mit Salz und Pfeffer fertig abschmecken und über Nacht kalt stellen.

2 Zum Klären der Bouillon am nächsten Tag die grob geschnittene Rinderwade, Sellerie- und Karottenstücke in der Küchenmaschine klein häckseln oder durch den Fleischwolf drehen. Mit dem Eiweiß und den Eiswürfeln vermengen, das Gemisch kalt stellen und nach einer halben Stunde zur sehr kalten Bouillon in einen Topf geben. Alles zum Kochen bringen, kurz aufkochen lassen, dann den Topf vom Herd nehmen und die Brühe 1 Stunde ziehen lassen. Am Schluss durch ein Sieb passieren. Nun haben wir eine klare Rinderkraftbrühe (das Fleisch-Eiweiß-Gemisch zieht alle Trübstoffe aus der Bouillon) mit einem kräftigen und intensiven Geschmack und einer schönen Farbe.

www.hotel-schranne.de

Dieses Rezept kommt von

Hotel Schranne Rothenburg
Schrannenplatz 6
91541 Rothenburg ob der Tauber
Tel.: 09861/955 00

3 Für die Leberklößchen alle Zutaten fein zerkleinern, gut durchmischen und kalt stellen. Wer möchte, kann die Masse mit ange-
dünsteten Speck- und Zwiebelwürfeln verfeinern. Majoran gibt eine
besondere Note, wer ihn nicht mag, lässt ihn weg. Mit einem Löffel
Nocken abstechen und in leicht köchelndem Salzwasser oder
Fleischbrühe (für mehr Geschmack!) ziehen lassen.

4 Für die Grießklößchen zunächst das Ei mit der Butter kräftig
durchmengen, dann den Grieß beifügen und schließlich die
Gewürze untermischen. Wie bei den Leberklößchen Nocken abstechen und diese in leicht köchelndem Wasser (oder Bouillon)
ziehen lassen.

5 Für die Markklößchen Rindermark zerbröckeln, Weißbrot in dünne
Scheiben schneiden. Eier und Petersilie zugeben und die Masse
würzen. Alles nun fein zerkleinern und kühlen. Den kalten Teig dann
mit Mehl zu Rollen formen. Diese in gleichmäßige Stücke schneiden, nochmals mit etwas Mehl bestauben und zu Klößchen formen.
Abschließend in kochender Brühe garen.

6 Für die Brandteigklößchen Wasser mit Butter, Salz und Pfeffer
sachte aufkochen, das Mehl unterrühren und den Topf vom Feuer
nehmen. Die Masse mit einem Holzlöffel glatt rühren und die Eier
untermischen. In einen Spritzbeutel füllen, auf ein gebuttertes und
mit wenig Mehl bestaubtes Backblech kleine Tupfer spritzen und im
vorgeheizten Backofen fünf Minuten bei 150 °C (Umluft) backen
(alternativ die Klößchen in der Fritteuse oder im Fettbad frittieren).

Serviervorschlag
Zum Servieren die verschiedenen Klößchen in eine Terrine geben,
mit der heißen Rinderkraftbrühe auffüllen und mit Schnittlauchröllchen und ein paar Blättchen Petersilie garnieren.

Für die Grießklößchen
1 Ei
50 g Butter
100 g Grieß
geriebene Muskatnuss
Salz, Pfeffer
nach Belieben gehackte
Petersilie

Für die Markklößchen
100 g ausgelassenes
Rindermark
100 g Weißbrot ohne Rinde
2 Eier
etwas gehackte Petersilie
Salz, Pfeffer

Für die Brandteigklößchen
1/4 l Wasser
40 g Butter
Salz, Pfeffer
120 g Mehl
2 Eier

Warum gerade hier?
Brautpaare, die sich in Rothenburg das Jawort gegeben haben, bekommen von der Stadt im Jahr
nach der Hochzeit einen kleinen Obstbaum geschenkt, den sie dann im sogenannten Rothenburger
Hochzeitswald pflanzen dürfen. Die Früchte, die der Baum in Zukunft trägt, gehören dem Brautpaar.
Das Hotel Schranne hat viel Erfahrung mit Hochzeiten und gehört zu den wenigen Gasthäusern, die
jede einzelne Einlage der Suppe noch frisch und selbst zubereiten.

Der Geheimtipp des Kochs

Den frisch geriebenen Meerrettich wirklich erst ganz zum Schluss
in die Suppe geben, da sonst der Geschmack verloren geht.
Getreu dem Motto »Mit dem Herzen in Franken, mit den Gedanken auf kuli-
narischen Reisen« eignet sich als Einlage für Ihr Meerettichsüppchen hervorragend eine Bratwurst im Frühlingsrollenteig. Einfach etwas Bratwursthack kaufen
(oder den Darm einer rohen Bratwurst aufschneiden), in Frühlingsrollenteig aus
dem Asia-Markt wickeln, mit etwas Ei zukleben und in Fett kurz schwimmend
ausbraten. Schnell und einfach lecker.

Meerrettichsuppe

1 Das Suppenhuhn in einem hohen Topf mit kaltem Wasser bedecken und zum Kochen bringen. Den beim Aufkochen entstehenden Schaum mit einer Kelle abschöpfen, danach den Ansatz leicht köcheln lassen. Das Gemüse putzen und in grobe, gleich große Stücke zerteilen. Nach etwa 1 Stunde zusammen mit den Gewürzen zugeben. 1 weitere Stunde köcheln lassen. Etwa 30 Minuten vor Garzeitende können Petersilienstängel oder etwas Rosmarin und Thymian zum Verfeinern dazugegeben werden.

2 Für die Suppe die Zwiebel schälen, fein würfeln und in der Butter glasig anschwitzen. Das Mehl zugeben und unter Rühren eine helle Mehlschwitze herstellen. Etwas Hühnerfond angießen. Sobald das Mehl gebunden hat, den restlichen Hühnerfond einrühren. Aufkochen und 10 Minuten kochen lassen, damit der Mehlgeschmack verschwindet. Erst jetzt den geriebenen Meerrettich zugeben, da er sonst an Geschmack und Schärfe verliert, und kurz mitkochen. Zum Schluss alles mit dem Pürierstab durchmixen, mit Salz und Pfeffer abschmecken und mit etwas Sahne verfeinern. Nach Belieben mit etwas Crudité-Gemüse dekorieren.

Für 4–6 Personen

Für den Fond

1 Suppenhuhn

3 Zwiebeln

2 Karotten

1/4 Sellerie

etwas Lauch

Lorbeerblätter, Wacholderbeeren

Salz, Pfefferkörner

evtl. Petersilie, Rosmarin oder Thymian

Für die Suppe

1 Zwiebel

75 g Butter

75 g Mehl

1 1/2 l Hühnerfond

1/2 Wurzel frischer Meerrettich

Salz, Pfeffer

etwas Sahne

www.millers-storchennest.de

Dieses Rezept kommt von

Millers Storchennest
Hauptstr. 41
91083 Baiersdorf
Tel.: 09133/768 78 44

Warum gerade hier?

Baiersdorf ist die »schärfste Stadt« Bayerns. Schon seit dem 15. Jahrhundert wird hier Meerrettich angebaut. Unweit vom Restaurant »Millers Storchennest« gibt es sogar das weltweit einzige Meerrettichmuseum. Und weil Baiersdorf so unheimlich scharf auf Meerrettich ist, wird ihm jedes Jahr am dritten Sonntag im September sogar mit einem Festtag gehuldigt, dem Baiersdorfer Krenmarkt.

Maronensuppe

Für 4 Personen

150 g gegarte Maronen
(vakuumverpackt)

1 Schalotte

80 g Butter

200 ml weißer Portwein

1/2 l Geflügelbrühe

1 Zweig Rosmarin

1/8 l Milch

1/8 l Sahne

Salz, Zucker

1 Maronen und gewürfelte Schalotte in Butter andünsten. Mit Portwein ablöschen und etwas einkochen lassen. Geflügelbrühe und Rosmarinzweig zugeben und alles weitere 3 Minuten köcheln lassen.

2 Den Rosmarinzweig entfernen und alles im Mixer fein pürieren. Durch ein feines Sieb passieren, Milch und Sahne dazugeben und wieder erhltzen. Die Suppe mit Salz sowie etwas Zucker abschmecken und mit einem Pürierstab schaumig aufschlagen.

Serviervorschlag
Witzig macht sich die Maronensuppe in kleinen Einweckgläsern oder auch in Cappuccino-Tassen.

www.altesforsthaus-fuerth.de

Warum gerade hier?
Das Alte Forsthaus wurde vom Guide Michelin mit dem »Bib Gourmand« ausgezeichnet. Diese Auszeichnung steht für sorgfältig zubereitete, regional geprägte Speisen zu bezahlbaren Preisen – in Deutschland bis zu 35 Euro für ein Dreigängemenü. Dafür bekommt man dann auch ein Menü auf Sterneniveau!

Dieses Rezept kommt von
Altes Forsthaus
Cadolzburger Str. 75
90766 Fürth
Tel. 0911/37 30 04 36

Der Geheimtipp des Kochs

Für eine gute Maronensuppe braucht man richtig viel Portwein.
Schnell wird sie zu dick, da die Maronen sehr stark binden. Verdünnt
wird sie deshalb bevorzugt mit Milch und nicht mit Sahne.
Einen weihnachtlichen Touch erhält die Suppe mit einer kleinen Sahnehaube,
die mit fein geraspelter Bitterschokolade und einem Amaretto-Keks ver-
sehen wird.

Damit man satt wird

Der Geheimtipp des Kochs

Weißlacker Käse – den gibt's nur im Allgäu! Er gibt den Allgäuer
Kässpatzen eine ganz besondere Note. Außerdem wird diese Spezialität hier gerne in der Pfanne serviert, damit auch der eingebrannte Käse
noch mit der Gabel rausgekratzt werden kann.

Wenn Sie keinen Weißlacker bekommen, können Sie stattdessen Romadur oder
Limburger verwenden. Wer es milder bevorzugt, Allgäuer Emmentaler.

Wer frische Kräuter mag, streut ein wenig gehackte Petersilie oder Schnittlauch
über das fertige Gericht.

Allgäuer Kässpatzen

1 Mehl, Eier, Salz und Wasser zu einem Spätzleteig verarbeiten. Dieser kann entweder mit der Hand »geschlagen« werden oder Sie verwenden einfach ein Handrührgerät mit Knethacken. Testen Sie mit dem Finger, wie zäh der Teig ist. Hier ist Erfahrung gefragt. Ist der Teig zu flüssig, geben Sie noch etwas Mehl dazu. Ist er zu fest, noch etwas Wasser. Wenn der Teig Blasen wirft, ist er fertig.

2 Einen großen Topf mit Wasser aufstellen, dieses ordentlich salzen und den Teig mit einem Spätzlehobel in das siedende Wasser hobeln.

3 Während die Spätzle kochen in einer Pfanne Butterschmalz schmelzen und darin Speckwürfel sowie Zwiebelringe anbraten. Wenn die Spätzle im Topf oben schwimmen, diese mit einer Schaumkelle abschöpfen und die Spätzle zur Speckmischung in die Pfanne geben. Alles gut vermengen und zum Schluss die geriebene Käsemischung darübergeben. Am besten schmecken die Spätzle, wenn Sie den Käse leicht am Pfannenboden anbacken lassen. Zum Schluss noch mit Pfeffer würzen, die geschmelzten Zwiebeln darübergeben und die Kässpatzen in der Pfanne servieren.

Für 4 Personen

Für den Teig
100 g Mehl
2 Eier
Prise Salz
1/8 l Wasser

Außerdem
Butterschmalz
50 g geräucherter Bauchspeck in Würfeln
50 g Zwiebelringe
50 g gemischter Käse (Bergkäse, Emmentaler, Weißlacker)
Pfeffer

www.kronenhuette.de

Dieses Rezept kommt von
Kronenhütte Nesselwang
Alpspitzweg 25
87484 Nesselwang
Tel.: 08361/31 70

Warum gerade hier?
»Die besten Kässpatzen Mitteleuropas gibt es auf der Kronenhütte!« – Das hat der frühere Bundesfinanzminister Theo Waigel mal gesagt, und da stimmen ihm sicherlich viele zu. Aus ganz Deutschland kommen Leute hierhergepilgert, um die Kässpatzen zu probieren.

Für 4 Personen

200 g Zwiebeln in Streifen

etwas Fett zum Dünsten

160 g Rindergulasch aus der Keule

2 l Fleischbrühe

160 g Schweinegulasch aus der Keule

80 g Kalbsgulasch aus der Keule

600 g Kartoffeln in Würfeln

260 g Karotten in Scheiben

260 g Lauch in Würfeln

130 g Sellerie in Würfeln

Salz, Pfeffer, Paprika

100 g gehackte Petersilie

Pichelsteiner Eintopf

1 Die Zwiebelstreifen in etwas Fett glasig andünsten. Das Rindergulasch dazugeben und mit anschwitzen. Etwa einen Liter Fleischbrühe aufgießen und knapp 1 Stunde köcheln lassen.

2 Dann das Schweinegulasch und das Kalbsgulasch dazugeben und alles weitere 45 Minuten köcheln lassen. Anschließend die Kartoffeln und die Karotten dazugeben und 10 Minuten mitköcheln. Lauch- und Selleriewürfel sowie die restliche Brühe hinzufügen und weitere 30 Minuten köcheln lassen.

3 Zum Schluss alles mit Salz, Pfeffer und Paprika abschmecken. Erst kurz vor dem Servieren die gehackte Petersilie dazugeben.

www.brauereigasthof-regen.de

Warum gerade hier?
In Regen wird jedes Jahr ein Pichelsteiner-Fest veranstaltet, bei dem Koch Günther rund 4000 Liter des leckeren Eintopfs zubereitet.

Dieses Rezept kommt von
Brauerei Gasthof Falter
Am Sand 14
94209 Regen
Tel.: 09921/960 33 77

Der Geheimtipp des Kochs

Kohlliebhaber geben zusätzlich geschnittene Kohlblätter in
den Eintopf. Der Eintopf soll eine leicht sämige Konsistenz
haben. Daher muss die Reihenfolge, in der die Zutaten in den
Topf kommen, stimmen. Und beherzigen Sie: Gut Ding will weile
haben!

Der Geheimtipp des Kochs

Kein Schäufele ohne den traditionellen Schulterknochen am Fleisch,
denn dieser verleiht dem Fleisch eine ganz besondere Würze. Ihn
schneiden aber viele Metzger beim Zurechtschneiden der Fleischstücke weg!
Was beim Fisch die »Bäckchen« sind, ist beim Schäufele das Fleisch an der
Innenseite des Schulterknochens, auch »Bürgermeisterstück« genannt.
Das A und O ist aber natürlich eine knusprige Kruste. Daher wird die Schwarte
vor dem Braten mit einem sehr scharfen Küchenmesser (alternativ mit einem
Teppichmesser) rautenförmig eingeritzt. So kann das Fett beim Braten aus-
laufen und die Haut schön aufplatzen.

Fränkisches Schäufele

1 Die Schwarte mit einem scharfen Messer rautenförmig einschneiden und nur salzen. Das Fleisch rundherum mit Pfeffer, Salz und Kümmel würzen.

2 Das geputzte Gemüse in grobe Würfel schneiden und in eine Auflaufform geben. Darauf die Schäufelestücke mit der Fettschwarte nach oben legen. Das Wasser dazugießen und in den ca. 180 °C heißen Backofen (Ober- und Unterhitze) schieben. Das Fleisch etwa alle 30 Minuten mit dem Bratensaft übergießen.

3 Nach etwa 3 Stunden ist das Schäufele durchgegart. Sie merken es daran, dass sich das Fleisch leicht vom Knochen lösen lässt. Die Form aus dem Ofen nehmen, die Fleischstücke auf ein Ofengitter legen und sie im Ofen bei Grillfunktion und voller Temperatur kurz grillen. So entsteht innerhalb weniger Minuten eine richtig schöne, knusprige Kruste.

4 In der Zwischenzeit das Gemüse und die entstandene Soße durch ein Sieb passieren. Die Soße mit etwas Kartoffelmehl andicken und mit Salz und Pfeffer abschmecken.

Für 2 Personen

1 1/2 kg Schweineschulter mit Knochen und Schwarte
1 TL Pfeffer
2 TL Salz
1 TL Kümmel
2 mittelgroße Zwiebeln
2 Karotten
1/4 Sellerieknolle
600 ml Wasser
1 TL Kartoffelmehl

www.schaeufele.de

Serviervorschlag
Gut passen fränkische Kartoffelklöße dazu.

Dieses Rezept kommt von
»Schäufelewärtschaft«
Schweiggerstr. 19
90478 Nürnberg
Tel.: 0911/459 73 25

Warum gerade hier?
Zu Hause ist das fränkische Schäufele im sogenannten »Schäufeleland« – das Gebiet zwischen Kronach, Weißenburg, Bad Windsheim und Pegnitz. Mittendrin liegt Nürnberg und hier gibt es sogar einen Verein, der sich dieser fränkischen Köstlichkeit verschrieben hat. Und deren Stammsitz ist eben die »Schäufelewärtschaft« in der Schweiggerstraße.

Tafelspitz

Für 4 Personen

3–4 Suppenknochen

2 Bund Suppengrün

2 mittelgroße Zwiebeln

etwas Öl

ca. 2 l Wasser

Salz, Pfeffer

2 Lorbeerblätter

1 kg Tafelspitz vom Rind

1 große Stange frischer Meerrettich

ca. 100 g Butter

3–4 EL Mehl

1 Knochen, geputztes und gewürfeltes Suppengrün sowie grob geschnittene Zwiebeln in etwas Öl leicht anbräunen. Mit dem Wasser ablöschen, Salz, Pfeffer sowie Lorbeerblätter dazugeben und alles 2–2½ Stunden auf kleiner Flamme köcheln lassen.

2 Danach den Tafelspitz sowie ein paar Scheiben der Meerrettichwurzel zugeben und bei weiterhin kleiner Flamme ca. 1 Stunde kochen lassen (je nach Dicke des Fleisches). Das Fleisch ist gar, wenn Sie mit einer Fleischgabel hineinstechen und es von allein wieder von der Gabel gleitet.

3 Butter in einem größeren hohen Topf schmelzen, Mehl zugeben und gut verrühren. Das Fleisch aus der Brühe nehmen und im Ofen warm halten. Die Brühe durch ein Sieb in die Mehlschwitze gießen und gut verrühren. 2–3 Minuten leicht köcheln lassen, danach den frisch geriebenen Meerrettich unter ständigem Rühren zugeben.

4 Das Fleisch in nicht zu dicke Scheiben schneiden (max. 1 cm), diese auf Tellern anrichten und die Soße darübergeben.

Serviervorschlag

Zusätzlich frisch geriebenen Meerrettich auf das Gericht geben und mit hausgemachten fränkischen Kartoffelklößen servieren.

www.restaurant-weihenstephan.de

Warum gerade hier?

Tafelspitz – in Franken auch bekannt als fränkisches Hochzeitsessen oder Krenfleisch – ist ein Klassiker der bayerischen Küche. Das Restaurant Weihenstephan in Bayreuth ist überaus bekannt für seine guten bayerischen Speisen: Während der Wagner-Festspiele essen auch sehr viele Promis hier.

Dieses Rezept kommt von

Restaurant Weihenstephan
Bahnhofstr. 5
95444 Bayreuth
Tel.: 0921/822 88

Der Geheimtipp des Kochs

Wichtig ist, beim Einkochen des Fleisches immer auch ein paar
Scheiben von der frischen Meerrettichwurzel in den Topf zu tun.
Dadurch bekommt das Fleisch die entsprechende Würze. Erst kurz vor
dem Servieren sollte man den frischen Meerrettich in die Soße reiben.
Wird er zu früh dazugegeben, verkocht der Geschmack. Kren ist übri-
gens ein fränkisches und bayerisches Wort für Meerrettich.

Der Geheimtipp des Kochs

Im Gegensatz zu den Wienern bestreichen die Münchner eine
Seite ihres Schnitzels mit Sahnemeerrettich. Wer will, bestreicht die
andere Seite zusätzlich mit Senf; erst dann wird das Schnitzel wie gewohnt paniert. Das Schmalz sollte nicht zu heiß und nicht zu kalt sein,
ca. 170 °C sind perfekt. Beim Fett nicht sparen – die Schnitzel sollen im
Schmalz schwimmen!

Münchner Schnitzel

1 Die Naturschnitzel jeweils zwischen Küchenfolie legen und mit einem Plattiereisen oder dem Fleischklopfer flach klopfen (ca. 3–5 mm dünn). Mit Salz und Pfeffer würzen, anschließend jeweils eine Seite mit Sahnemeerrettich bestreichen.

2 Jetzt die Schnitzel wie gewohnt in Mehl, Ei und Semmelbröseln wenden, bis alles schön ummantelt ist, und auf beiden Seiten in Butterschmalz goldgelb ausbacken.

Serviervorschlag
Reichen Sie dazu Kartoffelsalat, Bratkartoffeln oder Pommes frites.

Für 4 Personen

4 Scheiben Schweine-fleisch aus der ober-schale (à 160 g, alternativ Kalbsrücken)

Salz, Pfeffer

ca. 100 g Sahne-meerrettich

ca. 50 g Mehl

2 Eier

150 g Semmelbrösel

200 g Butterschmalz

www.spektakel-muenchen.de

Dieses Rezept kommt von
Spektakel München
Pfeuferstr. 32
81373 München
Tel.: 089/767 583 59

Warum gerade hier?
Weil das Gericht hier im »Spektakel« angeblich erfunden wurde! Die Wirtschaft im Herzen des Münchener Stadtteils Sendling ist außerdem richtig urig eingerichtet. Dreimal am Tag wird hier ein richtiges »Spektakel« veranstaltet. Es beginnt zu blitzen, es donnert und von der Decke regnet es sogar!

Nehmen Sie sich SchneiderZeit!

Georg VI. Schneider

Schneider Weisse ist eine einzigartige, charakterstarke Weissbierfamilie: vielfältig im Sortiment und vielfach ausgezeichnet.

Was uns ausmacht: die bayerische Herkunft, das Bekenntnis zum Reinheitsgebot und unser Herzblut und Können, mit dem wir Spezialitäten für den wahren Genuss brauen.

Im Weissen Bräuhaus München servieren wir Ihnen unsere Weissbierspezialitäten mit besten bayerischen Schmankerln.

Passende Kombinationen finden Sie auch online:

 www.schneider-weisse.de/weissbiergenuss

Braukunst für Weissbierkenner

Aischgründer Karpfen

1 Karpfen säubern und trocken tupfen. Anschließend mit Salz und Pfeffer würzen und in der Panade aus Mehl, Grieß und Dunst wenden.

2 Butterschmalz in einem großen Topf erhitzen. Die Karpfen im Fett schwimmend in ca. 10 Minuten goldgelb ausbacken. Den fertigen Fisch auf Küchenpapier gut abtropfen lassen.

Für 4 Personen

2 ausgenommene Karpfen (1/2 Karpfen pro Person)

Salz, Pfeffer

100 g Mehl

100 g feiner Grieß

100 g griffiges Mehl (Dunst)

2 kg Butterschmalz

Serviervorschlag
Traditionell einen Zitronenschnitz, Kartoffel- und Endiviensalat dazu reichen.

www.landgasthof-hammerschmiede.de

Dieses Rezept kommt von
Landgasthof zur Hammerschmiede
Birnbaum 56
91466 Gerhardshofen
Tel.: 09163/999 40

Warum gerade hier?
Im Karpfenland Aischgrund wird der Karpfen seit dem Mittelalter systematisch gezüchtet, heute gibt es weit über 2000 Teiche. Der Aischgründer Spiegelkarpfen gilt paniert als eine regionale Delikatesse von internationaler Bekanntheit. Die Karpfensaison dauert übrigens von September bis April. Leicht zu merken: Es muss ein Monat mit »r« sein.

Allgäuer Krautkrapfen

Für 4 Personen

Für den Teig

300 g Mehl

Salz

1 Prise Muskat

2 EL Wasser

2 Eier

Für die Krautmischung

200 g durchwachsener Speck, gewürfelt

1 mittelgroße Zwiebel, gewürfelt

1 kg Sauerkraut aus der Dose

Salz, Pfeffer

Lorbeerblätter

Wacholderbeeren

Kümmel

Zucker

Außerdem

1 Eigelb

Schmalz zum Braten

250 ml Brühe

1 Mehl auf ein Brett sieben, Salz und Muskat zugeben. In der Mehlgrube von der Mitte aus Wasser und Eier nach und nach vorsichtig einrühren (auf ein sauberes und trockenes Brett achten). Den Teig so lange kneten, bis er vollkommen glatt ist. Den Teig in 2–3 Portionen teilen und portionsweise zu dünnen Flecken ausrollen. (Wer will, kann auf einen fertig ausgerollten Nudelteig aus dem Handel zurückgreifen.)

2 Speck im Topf anrösten, Zwiebeln dazugeben und danach das Sauerkraut hinzufügen. Mit Salz, Pfeffer, Lorbeer, Wacholder, Kümmel und Zucker abschmecken.

3 Die Sauerkrautmischung ausdrücken und auf den Teigflecken verteilen. Am oberen Rand ca. 2 cm frei lassen, diesen Rand mit Eigelb einpinseln, damit die Krautkrapfen beim Backen nicht aufgehen. Alles zu einer Rolle aufrollen und diese in ca. 3 cm dicke Scheiben schneiden.

4 Die Scheiben mit etwas Schmalz in einer Pfanne beidseitig anbraten. Danach in eine Auflaufform setzen und alles mit Brühe angießen. Bei 170°C (Ober- und Unterhitze) im Ofen ca. 20 Minuten gar ziehen lassen. Innerhalb weniger Minuten entsteht eine richtig schöne, knusprige Kruste.

www.beim-metzgerwirt.de

Warum gerade hier?

Krautkrapfen sind eigentlich in Schwaben und dem Allgäu zu Hause, wurden aber auch in Franken und Oberbayern eine sehr beliebte bayerische Spezialität. Der Metzgerwirt in Hurlach liegt genau im »Dreiländereck« Schwaben, Allgäu, Oberbayern und die Wirtin ist zudem eine gebürtige Fränkin mit schwäbischem Dialekt. Die besten Voraussetzungen also für dieses traditionelle Gericht!

Dieses Rezept kommt von

»Beim Metzgerwirt«
Poststr. 10
86857 Hurlach
Tel.: 08248/76 76

Der Geheimtipp des Kochs

Das Sauerkraut für die Füllung muss richtig trocken sein, die
Flüssigkeit also vor dem Anbraten mit einem Tuch oder den Händen
aus dem Kraut herauspressen. Serviert werden die Krautkrapfen
je nach Wunsch mit etwas Bratensoße und 2–3 gebratenen Speck-
scheiben.

Fleischpflanzerl mit Dunkelbiersoße

Für 4 Personen

Für die Pflanzerl

1/2 Brezel

ca. 2 cl Hefe-Weizenbier

ca. 2 cl Milch

750 g gemischtes Hackfleisch

8 g Paprika edelsüß

3 Eier

25 g frische, klein gehackte Petersilie

10 g Salz

3 g weißer Pfeffer

1 g Muskat

35 g scharfer Senf

100 g Zwiebelwürfel

Öl oder Butterschmalz zum Braten

1 Für die Soße das Gemüse putzen und in ca. 3 cm große Stücke schneiden. 1 Zwiebel beiseitelegen. Die Kräuter mit Küchengarn zu einem Kräuterstrauß zusammenbinden. Die Knochen in einem Topf bei starker Hitze gut anbraten. Gemüse dazugeben und kurz mitbraten. Tomatenmark unterrühren, mit Dunkelbier ablöschen und mit 3 l Wasser auffüllen. Kräuterstrauß dazugeben und das Ganze ca. 5 Stunden auf kleiner Flamme köcheln. Zum Schluss die Soße durch ein Sieb passieren, das Fett abschöpfen und die Soße mit Dunkelbier, Salz und Pfeffer abschmecken. Die verbliebene Zwiebel in feine Ringe schneiden und 5 Minuten in der Soße garen.

2 Für die Fleischpflanzerl zunächst eine Brezelmasse herstellen. Dazu die trockene Brezel würfeln und in einem Sud aus Hefe-Weizenbier und Milch einlegen. Wenn die Würfel weich sind, diese gut ausdrücken und in eine Schüssel geben. Restliche Pflanzerl-Zutaten zugeben und alles zu einer gleichmäßigen Masse verkneten. Gleich große Kugeln formen, diese etwas flach drücken und in Öl oder Butterschmalz goldgelb anbraten.

www.riesen-miltenberg.de

Dieses Rezept kommt von
Gasthaus »Zum Riesen«
Hauptstr. 219
63897 Miltenberg
Tel.: 09371/98 99 48

Der Geheimtipp des Kochs

Die Fleischpflanzerl im »Riesen«
bekommen durch die Brezen-weizen-
bier-Masse eine ganz besondere Note. Damit alle Pflanzerl gleich groß werden, formen
Sie mithilfe eines Eisportionierers oder einer
kleinen Schöpfkelle kleine Kugeln.

Für die Soße

2 Karotten

150 g Sellerie

2 Zwiebeln

1 Stange Lauch

3 Petersilienstängel

1 Zweig Thymian

1 Lorbeerblatt

200 g Kalbsknochen

70 g Tomatenmark

100 ml dunkles Bier

Salz, Pfeffer

Warum gerade hier?

Der »Riesen« kann mit Fug und Recht als die älteste
Fürstenherberge Deutschlands bezeichnet werden.
Zum ersten Mal wurde er im 12. Jahrhundert urkund-
lich erwähnt.

Ente mit Spitzwirsing

Für 4 Personen

Für die Ente

1 Ente vom heimischen Bauern (2,4–2,8 kg)

Salz, Pfeffer

1 getrockneter Zweig Beifuß

1–1 1/2 l Wasser

100 ml fränkisches Kellerbier

1 Die Ente auswaschen und trocken tupfen, dann kräftig innen und außen mit Salz und Pfeffer einreiben, den Beifuß in den Bauch legen und die Ente mindestens 2 Stunden im Kühlschrank ruhen lassen.

2 Den Backofen auf 200 °C (Ober- und Unterhitze) vorheizen. In ein tiefes Blech so viel von dem Wasser geben, dass die Ente mit dem Bauch nach unten ca. 2 cm darinliegt. Das Blech in die unterste Schiene des Ofens schieben und die Temperatur auf 180 °C herunterdrehen. Ab und zu den Rücken begießen, falls nötig Wasser nachgießen. Nach ca. 1 Stunde die Ente mit der Brust nach oben auf einen Rost legen.

3 Den Bratenfond jetzt vom Blech in einen kleinen Topf seihen und das Fett abschöpfen. Das Ganze einköcheln lassen, bis eine würzige Soße entsteht. In das Blech erneut Wasser einfüllen und wieder in die unterste Schiene des Ofens schieben. So trocknet die Ente darüber nicht aus und wird dennoch schön knusprig.

www.gutsgasthof-andres.de

Dieses Rezept kommt von
Gutsgasthof Andres
Pettstadt 1
96166 Kirchlauter/Pettstadt
Tel.: 09536/221

4 Die Ente mit dunklem fränkischem Kellerbier bestreichen und auf der mittleren Schiene des Herdes noch ca. 1½ Stunden braten, bis die Haut knusprig ist. Richtig schön wird die Kruste, wenn Sie die Temperatur kurz vor Schluss noch einmal ganz nach oben drehen.

5 Für den Wirsing den geputzten und gewaschenen Spitzwirsing klein schneiden, blanchieren und danach sofort in kaltem Wasser (am besten mit Eiswürfeln, damit er schön grün bleibt) abschrecken. In einem Sieb etwas abtropfen lassen und fein hacken.

6 Die Zwiebeln mit der Butter anschwitzen, das Mehl dazugeben und eine Mehlschwitze herstellen. Mit der Brühe ablöschen und kurz aufkochen lassen. Den Wirsing hinzugeben und köcheln lassen, bis die gewünschte Konsistenz erreicht ist. Mit Salz, Pfeffer und Muskat abschmecken.

Für den Wirsing

1/2 mittelgroßer Kopf Bamberger Spitzwirsing

1/2 Zwiebel, gewürfelt

50 g Butter

60 g Mehl

800 ml milde Gemüse- oder Fleischbrühe

Salz, Pfeffer, Muskat

Serviervorschlag

Als Beilage gibt's in Franken natürlich die luftige Kartoffelklöße halb und halb, also halb aus rohen und halb aus gekochten Kartoffeln hergestellt.

Der Geheimtipp des Kochs

Wichtig ist, die mit Beifuß gefüllte Ente für ca. zwei Stunden im Kühlschrank ruhen zu lassen. Der Beifuß – das typische Entengewürz – gibt nämlich ordentlich Geschmack ans Fleisch ab. Während der ersten Stunde im Ofen liegt die Ente mit der Brustseite nach unten im Wasser, in der zweiten Stunde mit der Brustseite nach oben auf einem Rost, damit sie knusprig wird. Beim Drehen der Ente sollten Sie diese kurz kippen, damit der ganze Saft aus dem Inneren läuft.
Sollten Sie kein fränkisches Kellerbier zur Hand haben, tut's auch ein anderes dunkles Bier aus Bayern. Nur kein Schwarzbier, denn das ist zu süß.

Warum gerade hier?

Im Gutsgasthof Andres kommen ausschließlich bayerische Enten auf den Tisch. Die Enten bezieht der Gasthof direkt vom benachbarten Bauern, und das schmeckt man auch. Außerdem werden Enten in dieser Region noch komplett verwendet, denn aus den Schlachtabfällen wird hier gerne der sogenannte »Entenpfeffer« zubereitet. Ein sehr altes Gericht, das leider immer mehr von den fränkischen Speisekarten verschwindet. Die Entensaison beginnt übrigens immer im September/Oktober.

Ente mit Spitzwirsing, Rezept s. S. 46/47

Bauchstecherla

1 Alle Zutaten gut miteinander verkneten, eventuell noch etwas Wasser dazugeben, sodass ein zäher Teig entsteht. Anschließend kleine Stücke abreißen. Durch Rollen in den Handinnenflächen kleine Nudeln formen. Diese sollten in etwa aussehen wie Schupfnudeln, die Enden müssen also spitz zulaufen.

2 Die Bauchstecherla in reichlich kochendes Salzwasser geben und rund 20 Minuten kochen lassen. Anschließend in ein Sieb abgießen und mit kaltem Wasser abbrausen.

Für 4 Personen

500 g doppelgriffiges Mehl
(Wiener Griessler)

2 Eier

3 TL Salz

ca. 175 ml Wasser

www.luber-kallmuenz.de/
buerstenbinder

Serviervorschlag

Klassisch werden Bauchstecherla mit Butter in einer Pfanne knusprig und goldbraun angebraten. Wer will, gibt zusätzlich Speckwürfel und Lauchringe dazu. Nach Bedarf salzen und pfeffern.

Dieses Rezept kommt von

Gasthof »Zum Bürstenbinder«
Am Graben 5
93183 Kallmünz
Tel. 09473/85 52

Warum gerade hier?

Der »Bürstenbinder« ist angeblich der kleinste Gasthof Deutschlands. Auf der Karte stehen Gerichte aus Großmutters Zeiten und man legt Wert auf Tradition. Hier ist die Welt noch in Ordnung!

Kräuterdampfnudeln

Für 6–8 Personen

Für den Teig

250 g gesiebtes Dinkelmehl

1/4 l lauwarme Milch

1/2 Würfel Hefe

1/2 TL Kleehonig (oder anderer milder Blütenhonig)

2 EL zerlassene Butter

1 Ei

Für die Füllung

1 Zwiebel, fein gewürfelt

1 Marktbüschlein Thymian, von Stielen befreit

etwas Olivenöl

1/2 Tasse grob gehackte geröstete Haselnüsse oder Mandeln

Salz, Pfeffer

Außerdem

1 TL Butter

1 Prise Salz

1 Für den Teig alle Zutaten gut miteinander verkneten. Der Teig sollte in etwa die Konsistenz eines Spätzleteigs haben. Ist er zu klebrig, noch etwas Mehl hinzugeben. Den Teig 15–20 Minuten an einem warmen Ort zugedeckt gehen lassen.

2 In der Zwischenzeit die Füllung zubereiten. Zwiebelwürfel mit dem Thymian in Olivenöl glasig anschwitzen, die Nüsse dazugeben und mit Salz und Pfeffer abschmecken.

3 Den Teig nochmals kurz durchkneten, dann kleine Dampfnudeln formen. In jede Dampfnudel ein Loch drücken, je 1 EL der Kräuter-Nuss-Füllung hineingeben und den Teig wieder gut verschließen. Die Dampfnudeln auf bemehlter Arbeitsfläche nochmals zugedeckt 15 Minuten gehen lassen.

4 In einem weiten flachen Topf ½ cm hoch warmes Wasser, 1 TL Butter und eine Prise Salz erwärmen, bis Dampf entsteht. Die Dampfnudeln dicht nebeneinander hineinsetzen und bei geschlossenem Deckel auf kleiner Flamme 15–20 Minuten garen lassen. In dieser Zeit auf keinen Fall den Topfdeckel lüften, sonst fallen die Dampfnudeln in sich zusammen.

St. Bartholomä, Königssee

Warum gerade hier?

Christl Kurz vom Biohotel Kurz hat sich vor über 30 Jahren der vegetarischen Küche verschrieben und kocht seitdem sehr viel mit Kräutern. Für ihr Kochbuch »Die vegetarische Kochschule« (Christian Verlag) wurde sie mit dem »Gourmand World Cookbook Award 2012« ausgezeichnet. Es errang in der Kategorie »vegetarische Kochkunst« den ersten Platz.

Dieses Rezept kommt von

Biohotel Kurz
Locksteinstr. 1
83471 Berchtesgaden
Tel.: 08652/98 00
www.biohotel-kurz.de

Serviervorschlag: Angebratene Pilze passen gut dazu. Einfach Zwiebeln und Pilzscheiben in etwas Butter anbraten und mit Salz und Pfeffer würzen.

Der Geheimtipp des Kochs

Dampfnudeln werden im Topf gemacht. Damit der perfekte Dampf entstehen kann, wird ein feuchtes Küchentuch zwischen Topfrand und Deckel angebracht. Dadurch kann der Dampf nicht so leicht entweichen. Dampfnudeln kocht man außerdem mit dem Ohr. Beginnt es im Topf zu knistern, bildet sich das sogenannte »Rahmerl« (die Kruste) und die Dampfnudeln sind fertig. Nicht zu lange knistern lassen, sonst brennen sie an.

Den Thymian können Sie auch durch 1 Strauß Petersilie, 10 Brennnesselzweigerl, 1 Bund Rucola oder 15 Bärlauchblätter ersetzen.

Der Geheimtipp des Kochs

Der selbst gemachte Nudelteig muss vor dem Zusammenkleben
der Taschen mit verquirltem Ei eingepinselt werden. Die Enden der
Tasche unbedingt mit einem Löffel eindrücken, damit die Maultaschen beim
Garprozess nicht aufplatzen. Außerdem sollte das Wasser, in dem die
Taschen gar ziehen, nur sieden, nicht kochen!
Original werden die schwäbischen Maultaschen nur mit Röstzwiebeln serviert.
Je nach Geschmacksvorliebe können sie natürlich auch mit Wild, Geflügel oder
marktfrischem Gemüse gefüllt werden.

Maultaschen

1 Aus Mehl, Eiern, Salz, Öl und etwas Wasser einen festen Nudelteig kneten, gut durcharbeiten und ruhen lassen.

2 Für die Füllung Speck in feine Würfel schneiden und zusammen mit den Zwiebelwürfeln in Butter anschwitzen. Übrige Zutaten für die Füllung zu der Speck-Zwiebel-Mischung geben und zu einer streichfähigen Masse verarbeiten.

3 Den Nudelteig ausrollen, Quadrate mit ca. 7 cm Seitenlänge ausschneiden und mit dem verquirlten Ei bepinseln. Eine Hälfte der Fläche mit der Füllung belegen, die andere Teighälfte darüberklappen und mit einem Löffel andrücken. Die Maultaschen in Salzwasser etwa 12 Minuten garen.

Serviervorschlag

Die Maultaschen mit Butter und Röstzwiebeln servieren, garniert mit frischen Kräutern, oder traditionell in heißer Fleischbrühe essen.

Für 5 Personen

Für den Nudelteig
300 g Mehl

2 Eier

Salz

3 EL neutrales Öl

etwas Wasser

1 Eigelb zum Bepinseln

Für die Füllung
70 g geräucherter Speck

1 Zwiebel, fein gewürfelt

etwas Butter

250 g Schweinehackfleisch

2 Eier

200 g Spinat, gedünstet

50 g Semmelbrösel

Petersilie

Salz, Pfeffer

Muskat

Dieses Rezept kommt von

Gasthaus »Zum Goldenen Löwen«
Obere Bergstr. 1
86757 Wallerstein
Tel. 09081/276 60

Warum gerade hier?

Es gibt sie in zig Variationen, für Fleischliebhaber oder Vegetarier. Die Original-Maultasche kommt mit wenigen Zutaten aus. Doch der Vielfalt sind keine Grenzen gesetzt. Im Gasthaus »Zum Goldenen Löwen« findet man standardmäßig fünf verschiedene Maultaschengerichte auf der Speisekarte. Neben den schwäbischen gibt's hier auch Lachsmaultaschen, Wildmaultaschen, Maultasche »Toskana« und die sogenannten »Wallersteiner Schlotzerle«. Alle werden jeden Tag frisch zubereitet – die Lieblingsbeschäftigung von Koch Klaus.

Gans mit Birnenblaukraut

Für 6 Personen

1 Gans (ca. 4 kg)

Salz, Pfeffer

3 EL Honig

Für die Füllung

600 g Äpfel, geschält und geviertelt

1 große Zwiebel, grob gewürfelt

ca. 6 Blätter Salbei

1 TL Salz

Für die Soße

2 mittelgroße Karotten, gewürfelt

1 große Gemüsezwiebel, gewürfelt

1 Stange Lauch, gewürfelt

150 g Sellerie, gewürfelt

1 Backofen auf 130 °C (Ober- und Unterhitze) vorheizen. Die Gans von den letzten Federn befreien, die Fettdrüse aus der Bauchhöhle herausschneiden und die Flügel am ersten Gelenk abtrennen. Die Gans trocken tupfen, anschließend innen und außen ordentlich mit Salz und Pfeffer würzen.

2 Alle Zutaten für die Füllung gut vermischen. Die Gans damit füllen und die Bauchhöhle mit Rouladenspießen zustecken. Flügel und Keulen mit Küchengarn und etwas Lorbeer zusammenbinden. Die Gans mit der Brustseite auf das Ofengitter legen. Die Fettpfanne in die unterste Ofenschiene schieben, das Gitter mit der Gans eine Stufe darüber. Die Gans 30 Minuten im Ofen garen, dadurch verliert sie einen Großteil des Fetts, das in der Fettpfanne landet.

3 Währenddessen das Birnenblaukraut vorbereiten: Rotkohl vierteln, Strunk entfernen und das Kraut in Rauten schneiden, dann in Rotwein und Balsamico-Essig marinieren.

4 Gans und Fettpfanne nach einer halben Stunde aus dem Ofen nehmen. Fett abschütten und für die Soße einen Bräter mit Karotten-, Zwiebel-, Lauch- und Selleriewürfeln füllen. Geben Sie ruhig die Innereien sowie die abgetrennten Flügel mit in die Pfanne. Dadurch bekommt die Soße einen besseren Geschmack. Gans wieder mit der Brustseite auf das Gemüse legen und bei 130 °C je nach Größe 3 – 3 ½ Stunden garen. Während des Bratens mit heißem Wasser (oder Geflügelfond) aufgießen und die Gans von Zeit zu Zeit damit begießen.

www.gasthof-lobmeyer.de

Dieses Rezept kommt von
Gasthof Lobmeyer
Marktplatz 6
93426 Roding
Tel.: 09461/91 34 06

5 Während die Gans im Ofen schmort, das Birnenblaukraut ansetzen. Zimt, Nelken und Lorbeerblätter in einen Teebeutel geben und zubinden. Die Zwiebelwürfel in einem Topf mit etwas Gänsefett anschwitzen. Birnen und Krautrauten mitsamt der Marinade und dem Gewürzbeutel dazugeben. Preiselbeeren und etwas Salz hinzufügen und alles zugedeckt ca. 1 Stunde bei geringer Hitze köcheln lassen. Danach mit Salz, Pfeffer und eventuell Birnensaft abschmecken.

6 Ob die Gans fertig ist, prüfen Sie, indem Sie mit einer Fleischgabel in die Keule einstechen. Tritt klarer Fleischsaft aus, ist die Gans fertig. Wenn's noch ein bisserl blutig ist, dann sollten Sie die Gans noch etwas im Ofen lassen. Kurz vor Schluss 3 EL Honig mit Bratenfond vermischen, die Gans damit bestreichen und die letzten 10 Minuten bei 210 °C fertig braten. Dadurch wird die Haut schön knusprig. Zuletzt den Bratenfond durch ein feines Sieb gießen, entfetten, eventuell etwas einkochen und nochmals mit Salz, Pfeffer und etwas Preiselbeeren abschmecken.

Serviervorschlag
Klassisch Kartoffelknödel dazu reichen.

Für das Birnenblaukraut

- 1 1/2 kg Rotkohl
- 1/4 l Rotwein
- 3 EL Balsamico-Essig
- 1 Stange Zimt
- 5 Nelken
- 2 Lorbeerblätter
- 2 Zwiebeln, fein gewürfelt
- 50 g Schmalz
- 500 g Birnen, geschält und gewürfelt
- 3 EL Preiselbeeren aus dem Glas
- Salz, Pfeffer
- evtl. etwas Birnensaft

Der Geheimtipp des Kochs

Damit das Fleisch der Gans richtig saftig wird, muss der Braten bei möglichst niedriger Temperatur in den Ofen, dafür bleibt er etwas länger darin. Das Blaukraut nicht fein hobeln, sondern in Rauten schneiden, damit es die Form behält.

Richtig weihnachtlich wird die Gans, wenn Sie folgende Zutaten für die Füllung verwenden: 600 g Äpfel, geschält und geviertelt, 150 g getrocknete Feigen, 150 g Datteln, 150 g getrocknete Pflaumen, 150 g gekochte Maronen, 1 Prise Kardamom, 1/2 TL Zimt, Salz.

Warum gerade hier?
Wirt Andreas Förster hat extra für uns einen Geheimtipp (siehe oben), wie aus dem Rezept schnell eine weihnachtliche Variante wird.

Gans mit Birnenblaukraut,
Rezept s. S. 54/55

Saure Zipfel

1 Die Zwiebeln schälen und in ca. 4 mm dicke Ringe schneiden. Dem Wasser Essig, Zucker, Salz, Pfeffer, Lorbeer und Wacholder zufügen und pikant abschmecken. Alles 10–15 Minuten köcheln, bis die Zwiebeln »bissfest« sind.

2 Nun die Würstchen dazugeben und weitere 8–10 Minuten ziehen lassen. Zum Schluss den Wein dazugeben und nochmal kurz aufkochen. Die sauren Zipfel in eine vorgewärmte Schüssel geben. Die Zwiebeln über die Würstchen häufen, mit dem Sud übergießen und alles mit Schnittlauch bestreuen.

Für 4 Personen

500 g Zwiebeln

1/2 l Wasser

1/4 l Branntweinessig

1/2 EL Zucker

2 Msp. Salz

1 Msp. weißer Pfeffer

4 Lorbeerblätter

1/2 TL Wacholderbeeren

24 Nürnberger Rostbratwürstchen (roh)

100 ml Frankenwein (trocken oder halbtrocken)

1 Handvoll Schnittlauchröllchen

Nürnberg, Henkersteg a. d. Pegnitz

Dieses Rezept kommt von

Behringers Bratwursthäusle
Rathausplatz 1
90403 Nürnberg
Tel.: 0911/22 76 95
www.bratwursthaeusle.de

Warum gerade hier?

Die Behringers gehören zu den wenigen Bratwursthäusern, die ihre Würstl noch selbst herstellen. Über 20 000 Bratwürstl gehen hier an einem guten Tag über den Tisch und dabei dürfen natürlich auch die Sauren Zipfel nach Originalrezept nicht fehlen.

Steckerlfisch

Für 4 Personen

4 küchenfertige, aus-
genommene Makrelen

Für die Marinade

je 1 Zweig Rosmarin,
Thymian, Salbei

1 Bund Petersilie

etwas Dill, Estragon,
Oregano, Minze und
Basilikum

1 Frühlingszwiebel

1/2 Chilischote

1 Knoblauchzehe

3 TL Salz

Saft von 1/2 Zitrone

50 ml Öl

1 Alle Kräuter waschen, vom Strunk befreien und fein hacken. Natürlich funktioniert das Rezept auch, wenn Sie nicht alle Kräuter bekommen. Eine Kräutermischung aus drei oder vier Kräutern ist völlig ausreichend. Frühlingszwiebel in Ringe, Chili und Knoblauch in kleine Würfel schneiden. Alle Zutaten mit Salz, Zitronensaft und Öl vermischen und zu einer Marinade verarbeiten.

2 Die Makrelen kurz abwaschen und trocken tupfen. Durch den Mund des Fisches wird dann der Steckerlfisch-Stab gesteckt. Den gibt's beim Fischhändler, im Großhandel oder Sie bestellen ihn übers Internet. Sie können sich auch selbst einen aus Buchenholz schnitzen. Alternativ gehen natürlich auch Stäbe aus Metall. Das Steckerl wird vom Fischmund am Rücken entlanggeführt und sollte am Schwanzende wieder aus dem Fisch kommen. Sind die Fische aufgespießt, werden sie mit der Marinade eingerieben.

3 Den Grill anheizen und warten, bis die Kohle schön weiß durchzogen ist. Legen Sie auf die eine Seite des Grills einen Ziegelstein, auf der anderen Seite stapeln Sie zwei Ziegelsteine übereinander. Der Abstand sollte genauso groß sein wie der Fisch lang. Die Steckerl werden nun auf den Ziegelsteinen abgelegt (Fisch mit dem Kopf nach unten, denn die Kopfseite des Fischs braucht länger, bis sie gar ist) und schon kann der Fisch garen. Die Steckerl nicht zu oft drehen, da das Fleisch sonst trocken wird. Deshalb erst auf der Bauchseite grillen, dadurch öffnet sich der Fisch. Dann auf den Rücken drehen, bis die Haut an der Rückenflosse einreißt, und zum Schluss noch kurz auf jeder Fischseite, bis alles schön knusprig ist. Fertig ist der Fisch, wenn kein Fett mehr heraustropft – also nach etwa 25 Minuten.

www.steckerlfische.com

Dieses Rezept kommt von
Harald Wondra
Tel.: 0176/62 69 61 79

Der Geheimtipp des Kochs

Die Fische sollten 3–4 Stunden vor dem Grillen mit der Marinade eingerieben werden, damit diese gut einziehen kann. Mit dem Großteil der Marinade sollten Sie die Fischinnenseite einreiben. Während des Grillvorgangs können Sie mit der restlichen Marinade auch die Hautseite des Fisches bepinseln. Der klassische Steckerlfisch ist die Makrele, da sie einen relativ hohen Fettgehalt hat. Bei einheimischen Fischen wie Forelle oder Saibling sollten Sie etwas mehr Öl für die Marinade verwenden, da diese Fische nicht so fettreich sind und schneller austrocknen. Steckerlfisch wird vom Papier gegessen, in das er nach dem Grillen eingewickelt wurde, oder auf einem Teller serviert. Als Beilage isst man zum Beispiel Kartoffelsalat oder einfach Brezen.

Warum gerade hier?

Harald war 20 Jahre lang Gastwirt, hat irgendwann seine Liebe zum Steckerlfisch entdeckt und seinen ersten eigenen Steckerlfisch-Grill gebaut. Ohne Werbung, sondern nur durch den leckeren Geruch der Steckerlfische kamen immer mehr Leute zu ihm und heute lebt er davon. Mittwoch in Markt Schwaben, Donnerstag in Forstern, Freitag in Haag und am Samstag in Erding: Mit dem Steckerlfisch-Grillanhänger versorgt der Harald den ganzen Landkreis mit dieser Spezialität.

Der Geheimtipp des Kochs

Das wichtigste ist die richtige Käsemischung. Im Allgäu verwendet man Emmentaler sowie jungen und alten Allgäuer Bergkäse. Außerdem sollten Sie unbedingt ein richtig frisches Bauernbrot (kein Weißbrot) und ordentlich Kirschwasser dazu servieren.

Haben Sie kein Käse-Fondue-Set (Caquelon aus Ton, Rechaud, Brenner), können Sie das Käsefondue auch in einem normalen Topf anrühren, auf dem Herd bei kleiner Stufe warm halten und die Fondueparty in die Küche verlegen. Dort feiert sich's eh immer am besten.

Allgäuer Käsefondue

1 Den Weißwein mit geriebenem Muskat, Pfeffer und den halbierten Knoblauchzehen erhitzen. Das Ganze darf nicht kochen und sollte nicht heißer werden als 70 °C. Den Käse einrühren, bis eine glatte Masse entsteht.

2 Speisestärke im Kirschwasser auflösen und das Käsefondue damit andicken. Die Hitze erhöhen, bis Sie den ersten »Blubb« an der Oberfläche erkennen. Serviert wird das Allgäuer Käsefondue mit frischen Bauernbrotwürfeln, ca. 3 cm groß geschnitten.

Für 4 Personen

5 dl trockener, spritziger weißwein

1 Msp. Muskat

Pfeffer nach Belieben aus der Mühle

2–4 Knoblauchzehen

700–900 g Bergkäse-mischung (s. Geheimtipp)

1 EL Speisestärke

2 cl Kirschwasser

1 Laib frisches Bauernbrot

www.hofkaeserei-kuhn.de

Dieses Rezept kommt von

Hofkäserei & Käsehandlung Kuhn
Kirchstr. 5
87561 Oberstdorf
Tel.: 08322/98 70 78

Warum gerade hier?

Schweizer und Franzosen streiten sich seit Jahrhunderten, wer das Käsefondue erfunden hat. Diese Zeit haben die Allgäuer genutzt und die Idee vom heißen Käse perfektioniert. Franz Kuhn ist Inhaber einer Hofkäserei in der Oberstdorfer Fußgängerzone. Er stellt selbst Käse her und weiß deshalb auch, worauf's ankommt beim Allgäuer Käsefondue.

Donauzander im Wurzelsud

Für 4 Personen

1–2 Suppenbund
(Karotte, Staudensellerie,
Lauch)

2 Zwiebeln

2 1/2 l Wasser

200 ml Branntweinessig

2 EL Salz

Saft von 1 Zitrone

2 Lorbeerblätter

4 Wacholderbeeren

4 Pfefferkörner

4 Zanderfilets
(je 180–200 g)

1 Das Suppengemüse putzen und in dünne Streifen bzw. Ringe oder Scheiben schneiden.

2 In einem flachen, großen Topf das Wasser mit Essig, Salz, Zitronensaft und Gewürzen aufsetzen, das Gemüse hinzugeben und aufkochen lassen. Der Sud muss richtig kräftig schmecken, damit der Fisch den Geschmack gut annimmt. Sollten Sie andere Fische verwenden, kann die Essigmenge daher je nach Sorte variieren.

3 Nun die Fischfilets zugeben und ca. 10 Minuten bei geringer Hitze ziehen lassen, nicht mehr kochen. Den Fisch mit dem Wurzelgemüse anrichten.

Serviervorschlag
Als Beilage eignen sich Salzkartoffeln mit zerlassener Butter und etwas Petersilie.

www.gasthaus-kornexl.de

Warum gerade hier?
Im Gasthof Kornexel gibt's hauptsächlich Fisch aus der Donau. Zum Haus gehört ein eigener Fischereibetrieb. Und weil selbst der beste Fischer niemals weiß, welcher Fisch als Nächstes zubeißt, gibt es auch nur immer die Fische, die der Franz Kornexel grad frisch aus der Donau gezogen hat. Denn gerade beim Fisch ist die Frische ja das oberste Gebot.

Dieses Rezept kommt von
Gasthof Kornexl
Am Jochenstein 10
94107 Untergriesbach
Tel.: 08591/18 02

Der Geheimtipp des Kochs

Glänzende Augen, rote Kiemen, eine schleimige Haut und ein elastisches Fleisch – darauf sollten Sie unbedingt achten, wenn Sie einen ganzen Fisch kaufen. Für zu Hause ist aber oft die »Filet«-variante einfacher. Das Filet ist bereits entschuppt, entgrätet und fertig für die Zubereitung.

Jeder Fisch braucht grundsätzlich etwas Säure, damit er schmeckt. Beim Donauzander im Wurzelsud sollten Sie den Sud einmal aufkochen lassen, anschließend die Temperatur reduzieren und erst dann den Fisch im Sud bei geringer Temperatur ziehen lassen. Dadurch wird er nicht trocken, sondern kann langsam und gleichmäßig garen, was das Fleisch schön saftig werden lässt.

Der Geheimtipp des Kochs

Die Fleischbohnen sollten wirklich einen ganzen Tag vor der Zubereitung eingeweicht werden. Für den perfekten Geschmack das Einweichwasser mitkochen und nicht wegschütten! Schweineschmalz statt Öl
verwenden und die Kräuter nicht vergessen. Da der Schweinebauch in der
Bohnensoße mitkocht, gibt auch er noch ordentlich Geschmack ab und
macht das Gericht würziger.

Bohnakern mit Dörrfleisch

1 Die Bohnen ca. 24 Stunden in Wasser einweichen. Danach die Bohnen im Einweichwasser 20 – 30 Minuten kochen lassen. In einem zweiten Topf Schweineschmalz erhitzen, Zucker leicht karamellisieren, das Ganze mit Mehl bestauben und unter ständigem Rühren eine Mehlschwitze herstellen.

2 Die Mehlschwitze mit Rotwein ablöschen, ca. 1½ Liter Einweichwasser, Bohnen, Räucherbauch, etwas Bohnenkraut und den Thymian dazugeben. Leicht salzen und pfeffern und alles ca. 45 Minuten köcheln lassen. Noch einmal mit Salz und Pfeffer abschmecken und zusammen mit dem Dörrfleisch anrichten.

Serviervorschlag
Am besten schmecken Kartoffelknödel dazu.

Für 4 Personen

1 kg Puffbohnen

60 g Schweineschmalz

15 g Zucker

60 g Mehl

1/4 l Rotwein

4 Scheiben Räucherbauch

etwas Bohnenkraut

3 Zweige Thymian

Salz, Pfeffer

www.gasthaus-sponsel.de

Dieses Rezept kommt von
Brennerei – Gasthaus Sponsel
»Zum Schwarzen Adler«
Hauptstr. 45
91356 Kirchehrenbach
Tel. 09191/944 48

Warum gerade hier?
Zu den zahlreichen regionalen Produkten, die es an den Wochenmarktständen in Oberfranken zu kaufen gibt, gehören auch Puff- und Wachtelbohnen. Meistens werden sie im getrockneten Zustand angeboten. Bohnakern sind eine traditionelle Fastenspeise, die während der Fastenzeit natürlich bevorzugt ohne Fleisch gegessen wurde. Das Gasthaus »Zum Schwarzen Adler« gehört zu den wenigen, die diese alte Spezialität noch auf der Speisekarte haben.

Ochsenbraten mit Starkbiersoße

Für 4 Personen

1,2 kg Bürgermeister-
stück vom Ochsen (oder
Schulter)

Salz, Pfeffer

etwas Mehl

Öl zum Braten

150 g Schalotten, grob
gewürfelt

150 g Sellerie, grob
gewürfelt

150 g Karotten, in
Scheiben

1 EL Tomatenmark

1/4 l Rotwein

2 Lorbeerblätter

10 Wacholderbeeren

10 Pimentkörner

1 Prise Zimt

1/4 l Starkbier (alternativ
dunkles Bier)

ca. 1,2 l Brühe

scharfer Senf, Butter

1 Das Bürgermeisterstück gut salzen, pfeffern und in etwas Mehl wenden. Das Mehl abklopfen, das Fleisch von allen Seiten scharf in Öl anbraten und aus der Pfanne nehmen.

2 Schalotten, Sellerie und Karotten in die Pfanne geben und ebenso gut anbraten. Tomatenmark zugeben, anrösten und mit der Hälfte des Rotweins ablöschen. Einkochen lassen, bis der Röstvorgang erneut beginnt. Nochmals mit dem restlichen Rotwein ablöschen und wieder einkochen lassen. Die Gewürze zugeben und unter ständigem Rühren 1 weitere Minute mit anrösten. Danach mit Starkbier aufgießen.

3 Das Fleisch wieder in die Soße legen, mit Brühe auffüllen, bis das Stück gut bedeckt ist, und ca. 2 Stunden leise köcheln lassen. Das Fleisch ist gar, wenn Sie mit einer Fleischgabel oder einer Stricknadel in das Fleisch stechen und sich diese ganz leicht wieder löst.

4 Das Fleisch aus der Soße nehmen und warm stellen. Die Soße durch ein Sieb passieren, auf die gewünschte Konsistenz einkochen und mit einem Klecks Senf, etwas Butter, Salz und Pfeffer abschmecken. Das Bürgermeisterstück in Scheiben schneiden, anrichten und mit Soße überziehen.

Serviervorschlag

Dazu passt ein Preiselbeerknödel: Kartoffelknödelteig mit einem Eigelb vermengen, Knödel formen, mit dem Daumen ein Loch drücken, süße Preiselbeeren hineinfüllen, gut verschließen und in Salzwasser gar kochen.

www.andreasgeitl.de

Warum gerade hier?

Der Münchener Meisterkoch Andreas Geitl legt viel Wert auf traditionell bayerische Gerichte und ist gleich zweimal Küchenchef: bei der beliebten Münchener Gaststätte Grünwalder Einkehr und beim berühmten Paulaner am Nockherberg. Der Starkbieranstich auf dem Nockherberg zählt zu den bekanntesten in ganz Bayern. Jedes Jahr aufs Neue werden hier die Politiker in einem Kabarett »derbleckt«.

Dieses Rezept kommt von

Andreas Geitl, Küchenchef bei Paulaner am Nockherberg und Grünwalder Einkehr, München

Der Geheimtipp des Kochs

Für einen guten Ochsenbraten sollte man die Schulter oder
noch besser das Bürgermeisterstück des Ochsen verwenden. Dieses Fleisch ist sehr hitzebeständig und bleibt auch nach langem Garen
noch zart. Für die Soße wird das Röstgemüse mit Starkbier und Rotwein abgelöscht, sie bekommt dadurch eine süßsaure Note. Um ein
noch besseres Ergebnis zu erzielen, können Sie das Fleisch ca. drei
Tage vorher in Wein und Starkbier einlegen – das ist aber kein Muss.

Der Geheimtipp des Kochs

Wild kaufen Sie am besten beim örtlichen Jäger. Das Fleisch
fürs Gulasch muss vor dem Anbraten mit feinem Wildgewürz eingerieben werden. Das gibt's fertig im Supermarkt oder Sie machen es selbst.
Dazu einfach Wacholderbeeren, Thymian, Lorbeerblätter, Rosmarin und
Pfefferkörner im Mörser oder in einer Küchenmaschine fein mahlen. Wer
mag, fügt der Sauce ein paar Karottenstücke zu und köchelt diese mit gar.

Hirschgulasch

1 Das Hirschfleisch von Sehnen befreien, in 2–3 cm große Stücke schneiden und diese mit dem feinen Wildgewürz (siehe Geheimtipp) einreiben. Die Zwiebel klein würfeln und zusammen mit dem Speck in etwas Öl oder Butterschmalz anbraten. Die Gulaschwürfel dazugeben und rundherum wirklich gut anbraten.

2 Das Tomatenmark dazugeben und kurz angehen lassen. Mit Orangensaft, Rotwein und etwas Brühe ablöschen und alles köcheln lassen, bis das Fleisch weich und zart ist. Das kann gut 1 ½ Stunden dauern, denn Gulaschfleisch wird umso weicher, je länger es gekocht wird.

3 Das Hirschgulasch zum Schluss je nach Bedarf mit Stärkemehl andicken und mit Salz, Pfeffer und reichlich Preiselbeeren abschmecken.

Für 4 Personen

- 1 kg Hirschfleisch aus Schulter oder Hals
- feines Wildgewürz (s. Geheimtipp)
- 1 mittelgroße Zwiebel
- 25 g fein geschnittener Speck
- etwas Öl oder Butterschmalz
- 1 EL Tomatenmark
- 150 ml Orangensaft
- 150 ml Rotwein
- etwas Brühe
- Stärkemehl
- Salz, Pfeffer
- Preiselbeeren aus dem Glas

Serviervorschlag
Das Hirschgulasch mit geschmelzten Spätzle servieren!

www.waldschaenke-heinzhof.de

Dieses Rezept kommt von
Waldschänke am Hirschpark
Heinzhof 5
92289 Ursensollen
Tel. 09628/911 53

Warum gerade hier?
Zur Waldschänke am Hirschpark in Heinzhof gehört ein 10 Hektar großes Wildgehege. Wirt Bernhard ist Jäger und kümmert sich um den Tierbestand. Der Sohn der Familie ist gelernter Metzger und zerlegt das Fleisch. Wirtin Betty und die Schwiegertochter kochen daraus allerlei Spezialitäten: Hirschleberknödelsuppe, Aufbruch oder eben auch das traditionelle Oberpfälzer Hirschgulasch.

Rahmschwammerl

1 60 g Butter in einer Pfanne zerlassen, das Mehl dazugeben und unter Rühren zu einer hellen Mehlschwitze verarbeiten.

2 In einem Topf die Zwiebelwürfel mit den geputzten Schwammerl in der restlichen Butter anschwitzen, bis am Topfboden ein leicht brauner Film entsteht. Alles mit Milch und Brühe aufgießen, auf-kochen lassen und mit der Mehlschwitze nach Bedarf andicken.

3 Die Schwammerl mit Sahne, Salz, Pfeffer, Essig und eventuell getrockneten Waldschwammerln abschmecken, zuletzt mit den Kräutern bestreuen.

Serviervorschlag
Die Schwammerl ganz klassisch mit Speck- oder Semmelknödeln servieren.

www.schnitzmuehle.com

Warum gerade hier?
Pilze gibt's im Wald – und der größte Forst bei uns im Freistaat ist nun mal der Bayerische Wald. Der Chefkoch vom Adventure Camp Schnitzmühle in Viechtach ist dort aufgewach-sen, selbst Schwammerlgeher seit seinem fünften Lebensjahr und kennt wirklich alle Ge-heimnisse rund um den Pilz!

Dieses Rezept kommt von
Adventure Camp Schnitzmühle
Schnitzmühle 1
94234 Viechtach
Tel. 09942/948 10

Der Geheimtipp des Kochs

Besonders »g'schmackig« werden die Rahmschwammerl,
wenn Sie die Soße mit getrockneten Waldschwammerln verfeinern. Am besten zerkleinern Sie diese vorher in einem Mörser
oder mithilfe einer Gewürzmühle.

Schweinebraten-Zweierlei vom bayerischen Milchschwein

1 Den Milchschweinrücken sauber parieren (von Sehnen befreien) und die Knochen putzen. Den Bauch ebenfalls parieren, sodass keine Knorpel mehr vorhanden sind. Dann vorsichtig, ohne die Haut zu verletzen, eine tiefe Tasche an der Seite hineinschneiden. Für die Schweinefleisch-Würzmischung alle Gewürze im Mörser fein zerstoßen und den Thymian untermischen.

2 Für die dunkle Biersoße Knochen mit dem Öl in einen Bräter geben. Im auf 250 °C vorgeheizten Backofen (Ober- und Unterhitze) langsam goldbraun rösten. Dabei öfter wenden und den Bratensatz lösen. Dann das Fett abgießen. Zwiebel, Schalotten und Sellerie zufügen und kurz anrösten. Alles leicht salzen. Das Tomatenmark unterrühren und kurz anrösten. Mit einem kräftigen Schuss Bier ablöschen. Die Kräuter und Gewürze samt Tomate und Knoblauch zufügen. Leise köcheln lassen und noch einmal etwas Bier angießen. Mit wenig Salz und Pfeffer würzen. Nach etwa 1 Stunde (je nach Geschmacksintensität) den Inhalt des Bräters in einen großen Topf umfüllen. So viel Kalbsfond angießen, dass alles völlig bedeckt ist. Einmal aufkochen lassen, abschäumen und bei mittlerer Hitze 1–1 ½ Stunden köcheln lassen. Den Fond durch ein Tuch abgießen und eventuell noch etwas einkochen lassen. Mit Salz, Pfeffer, Zucker und etwas dunklem Bier abschmecken. Etwas gehackten Kümmel in einem Sieb für 1–2 Minuten in die Soße hängen, um sie zu aromatisieren. Zum Schluss eventuell mit kalter Butter binden. »

Für 6–8 Personen

1 Milchschweinrücken (ca. 1,4 kg; längs geteilt, mit Schwarte, ohne Wirbelsäulenknochen)

1 Milchschweinbauch (ca. 0,6 kg; ohne Knochen, mit Schwarte)

Für die Würzmischung

1/2 TL Koriandersamen

1/4 TL Kümmel

1/2 kleines Lorbeerblatt

1 Gewürznelke

3 weiße Pfefferkörner

3 Zweige Thymian, fein gehackt

Für die Biersoße

250 g Knochen vom Milch-
schweinrücken, in walnuss-
große Stücke gehackt

Keimöl zum Anbraten

1/2 Gemüsezwiebel, grob
gewürfelt

3 Schalotten, halbiert

1/2 Stange Staudensellerie
in 1 cm großen Stücken

1 TL Tomatenmark

1/2 l dunkles Bier

1 Zweig Thymian

1 Zweig Rosmarin

1 Lorbeerblatt

10 weiße Pfefferkörner

1/2 TL Kümmel

1/2 Tomate, grob zer-
schnitten

1 Knoblauchzehe, unge-
schält

Salz, weißer Pfeffer aus
der Mühle

ca. 1 l dunkler Kalbsfond

1 Prise Zucker

1 Prise gehackter Kümmel

evtl. 1–2 EL eiskalte Butter

3 Für den Milchschweinbauch das Weißbrot in einer Schüssel mit Milch und Sahne vermischen und quellen lassen. Schalotten und Champignons in der Butter kurz andünsten, etwas abkühlen lassen und zum Weißbrot geben. Petersilie samt Ei, Eigelb und Kartoffelflocken locker unter das Brot mischen und die Mischung mit Salz, Pfeffer und Muskat abschmecken. Den Bauch innen und außen mit einer halben Knoblauchzehe, dann mit Salz, Pfeffer und etwas Schweinefleisch-Würzmischung einreiben. Die Weißbrotmischung in die Tasche füllen und die Öffnung mit Rouladengarn schließen. Das Fleisch auf einem Rost im auf 160–170 °C vorgeheizten Backofen (Ober- und Unterhitze) 50–60 Minuten braten. Dabei hin und wieder mit Bier bestreichen. Anschließend mit Alufolie zugedeckt warm halten. Die Backofentemperatur auf 120 °C zurückschalten.

4 Für den Milchschweinrücken die Schwarte mit einem sehr scharfen Messer rautenförmig einschneiden und ebenfalls mit Knoblauch, dann mit Salz, Pfeffer und Schweinefleisch-Würzmischung einreiben. Die Schwarte für etwa fünf Minuten in wenig siedendes Wasser tauchen. Dabei darf nur die Haut mit dem Wasser in Berührung kommen, nicht das Fleisch. Die Butter in einem Bräter erhitzen. Den Rücken darin seitlich und auf der Fleischseite (nicht auf der Schwarte) kurz anbraten. Mit der Schwarte nach oben auf einem Rost in den 120 °C heißen Backofen schieben und in 18–20 Minuten bis zu einer Kerntemperatur von 50 °C braten. Den Schweinerücken aus dem Ofen nehmen und etwa 10 Minuten ruhen lassen. Anschließend beide Fleischstücke, jeweils mit der Hautseite nach oben, unter den auf 225 °C vorgeheizten Grill schieben und kross werden lassen.

www.seehotel-ueberfahrt.com

Dieses Rezept kommt von
Restaurant Überfahrt
Überfahrtstr. 10
83700 Rottach-Egern
08022/66 90

Für den Milchschweinbauch

200 g Stangenweißbrot, grob gewürfelt

100 ml lauwarme Milch

100 ml lauwarme Sahne

4 Schalotten, fein gewürfelt

150 g kleine Champignons, geviertelt

1 EL Butter

1/4 Bund glatte Petersilie, gehackt

1 Ei

1 Eigelb

25 g Kartoffelflocken (gibt's im Supermarkt)

Salz, weißer Pfeffer aus der Mühle

frisch geriebene Muskatnuss

1/2 Knoblauchzehe

dunkles Bier zum Bestreichen

Für den Milchschweinrücken

1/2 Knoblauchzehe

Salz, weißer Pfeffer aus der Mühle

1 EL Butter zum Braten

Der Geheimtipp des Kochs

Mit diesem Gericht werden Sie zum Sternekoch! Aber nicht erschrecken: Wem das Rezept zu kompliziert ist, kann auch nur den Schweinebauch mit Soße machen. Das Raffinierte ist, dass hier der Knödel schon in den Schweinebauch integriert ist – der Bauch wird nämlich mit Semmelknödelteig gefüllt! Wer kein Milchschwein beim Metzger bekommt, kann natürlich auch normales Schweinefleisch kaufen. Trotzdem sollte man hier nicht sparen, denn das beste Rezept schmeckt nur, wenn auch die Qualität der Zutaten stimmt!

Warum gerade hier?

Schweinebraten ist wohl das traditionellste, bekannteste und beliebteste Gericht der bayerischen Küche. Viele Wirte haben einen guten Schweinebraten im Angebot, aber wir wollten den besten! Für das beste Schweinebratenrezept sind wir also zum besten Koch gefahren, und das ist derzeit Christian Jürgens. Er wurde vom »Gault Millau« – dem Restaurantführer schlechthin – zum Koch des Jahres 2013 gewählt und kocht in seinem Gourmetrestaurant am Tegernsee täglich auf Sterneniveau. Trotzdem ist er auf dem Boden geblieben, oder, wie man in Bayern sagt: »Ein saunetter Hund!«

Böfflamott

Für 4 Personen

1,2 kg Blattschulter
vom Rind

100 g grüner Speck
zum Spicken

300 g Röstgemüse
(Karotten-, Zwiebel-,
Selleriestücke)

5 Pimentkörner

10 schwarze Pfeffer-
körner

3 Lorbeerblätter

je 1 Zweig Thymian und
Rosmarin

3 EL Rotweinessig

300 ml trockener Rotwein

1 EL Mehl (s. Geheimtipp)

5 EL Rapsöl

1 kg Kalbsknochen

1 EL Tomatenmark

1 l Fleischbrühe

Meersalz, Pfeffer aus
der Mühle

1 Das gespickte Rindfleisch mit dem Gemüse, den Gewürzen und dem Rotweinessig in Rotwein einlegen. Das Fleisch zwei Tage zugedeckt in der Marinade ziehen lassen, danach herausnehmen und mit Küchenkrepp trocknen.

2 Das mit Mehl bestaubte Fleisch in heißem Öl rundherum anbraten, herausnehmen, dann das Gemüse zusammen mit den Kalbsknochen rösten. Tomatenmark dazugeben und mitrösten, mit dem Rotweinfond ablöschen; diesen Vorgang mehrmals wiederholen, man bekommt so Geschmack und Farbe für die spätere Soße. Den Braten dazugeben und mit der Fleischbrühe auffüllen.

3 Den Braten in der Brühe langsam köcheln lassen, nach ca. 5 Minuten für 4–5 Stunden in den auf 120 °C vorgeheizten Backofen (Ober- und Unterhitze) schieben. Wenn der Braten gar und weich ist (siehe Geheimtipp), in eine Schüssel geben und abdecken. So kann das Böfflamott sich »entspannen« und nachgaren.

4 In der Zwischenzeit die Soße sämig einkochen, mit dem Mixstab pürieren und durch ein feines Sieb passieren. Das Gemüse bindet die Soße. Das Fleisch aufschneiden und anrichten, die mit Salz und Pfeffer abgeschmeckte Soße dazu servieren.

www.landhaus-rothenburg.de

Serviervorschlag
Dazu passen Dinkelspätzle.

Warum gerade hier?
Weil im Landhaus Lebert nach der Slow-Food-Philosophie gekocht wird: handwerkliche Herstellung – vorzüglicher Geschmack – erzeugt mit Respekt zu Natur und Umwelt. Ausgezeichnet wurde das Landhaus außerdem schon vom Michelin-Restaurantführer und vom Gourmetführer Gault Millau.

Dieses Rezept kommt von
Landhaus Lebert
Schlossstr. 8
91635 Windelsbach/
Rothenburg o. d. Tauber
Tel.: 09867/95 70

Der Geheimtipp des Kochs

»Gut Ding braucht Weile«: Dieses Böfflamott schmort bei
niedriger Temperatur relativ lange im ofen. Dadurch wird das
Fleisch butterzart. Ein kräftiger Rotwein gibt dem Gericht den richtigen
Geschmack. wenn der Braten vor dem Anbraten mit Mehl bestaubt
wird, spritzt das heiße Fett nicht so sehr und die Soße bekommt
eine bessere Farbe. Der Braten ist fertig, wenn Sie mit einer
Fleischgabel (oder Stricknadel) ins Fleisch stechen, es anheben und
der Braten von ganz allein wieder heruntergleitet.

Der Geheimtipp des Kochs

Beim Mesnerwirt St. Johann werden die Kartoffeln bereits am Vortag gekocht und in einer speziell vorbereiteten Edelstahlpfanne gebraten. Dafür die Pfanne vor dem Gebrauch mit Salz imprägnieren: Salz in die Pfanne geben und diese so lange erhitzen, bis das Salz braun wird. Anschließend nur mit Topfkratzer und Küchentuch auswischen. Pfannen übrigens nie mit Spülmittel ausspülen oder in der Spülmaschine reinigen!

Bratkartoffeln

1 Am Vortag die Kartoffeln waschen und ungeschält in einem Topf gar kochen. Das Wasser abgießen und die Knollen auskühlen lassen. Am Folgetag die Kartoffeln schälen und »bladdeln«, also in sehr dünne Scheiben schneiden.

2 Angebraten werden die Kartoffelscheiben in einer imprägnierten Kartoffelpfanne (siehe Geheimtipp), am besten aus Edelstahl. Dafür die Butter in der Pfanne zergehen lassen und die Kartoffelscheiben dazugeben. Wichtig: Nicht gleich umrühren, sondern die Scheiben anbacken lassen. Dadurch lösen sie sich später leichter und bekommen eine schöne goldgelbe Farbe. Zum Schluss die Bratkartoffeln nur mit Salz würzen.

Serviervorschlag

Wer möchte, kann in einer zweiten Pfanne Speck und Zwiebeln anrösten und diese zusammen mit etwas frischen Kräutern über die Kartoffeln streuen. Auch Kümmel oder Pfeffer als Zugabe sind beim Mesnerwirt keine Todsünde. Geschmäcker sind schließlich verschieden!

Für 4 Personen

1 kg festkochende Kartoffeln

4–5 EL Butter

Salz

www.mesnerwirt-stjohann.de

Dieses Rezept kommt von
Mesnerwirt St. Johann
St.-Johann-Str. 22
83313 Siegsdorf
Tel.: 08662/74 30

Warum gerade hier?
Unter Profiköchen gilt: »Zeig mir deine Bratkartoffeln und ich sage dir, ob du wirklich kochen kannst.« Bratkartoffeln sind beim Mesnerwirt in St. Johann eine Wissenschaft für sich. Seit 1965 steht hier die Mader Wally hinterm Holzofen und verköstigt die Gäste – und die sind sich einig: »Die besten Bratkartoffeln der Welt gibt's bei der Mader Wally und ihrer Tochter, der Johanna!«

Semmelknödel

Für ca. 10 Knödel

20 altbackene Semmeln, in dünne Scheiben geschnitten (Knödelbrot)

ca. 3/4 l Milch

150 g Zwiebeln, fein gewürfelt

1 EL Butter

1 gehäufter EL gehackte Petersilie

10 Eier

Salz, Pfeffer

frisch geriebene Muskatnuss

1 Geschnittene Semmelscheiben in eine Schüssel geben, die Milch erhitzen und über die Semmeln gießen. Die Zwiebelwürfel in der Butter glasig anschwitzen, zum Schluss die gehackte Petersilie kurz mitdünsten und das Ganze zur Semmel-Milch-Masse geben.

2 Die Eier in einer separaten Schüssel aufschlagen, dann über die bereits etwas abgekühlte Masse geben. Mit Salz, Pfeffer und Muskat (vorsichtig dosieren, sehr intensiv!) würzen und gut mit den Händen durchkneten (bitte nicht übertreiben, da es sonst »Betonknödel« werden). Die Masse darf ruhig ein paar sichtbare Semmelstückerl aufweisen, da diese wunderbar z. B. die »Schweinsbratnsoß« aufsaugen. Sollte die Masse zu dünn sein, kann man ein wenig Semmelbrösel dazugeben; ist die Masse zu fest, noch etwas Milch.

3 Mit feuchten Händen Knödel formen und in sprudelndes Salzwasser geben. Die Hitze etwas wegnehmen und die Knödel knapp unter dem Siedepunkt 15 – 20 Minuten ziehen lassen, bis sie nach oben steigen und anfangen, sich langsam zu drehen.

Der Geheimtipp des Kochs

Der Semmelknödelteig sollte nicht zu viele Eier beinhalten (sonst werden die Kugeln zu hart), aber auch nicht zu wenig (sonst fallen die Knödel auseinander). Als Faustregel gilt: Auf zwei geschnittene, altbackene Semmeln kommt ein Ei. Bevor alle Knödel im kochenden Salzwasser landen, sollten Sie immer einen kleinen Probeknödel abdrehen und kochen. Ist der Teig zu hart oder zu weich, können Sie so noch nachbessern. In Niederbayern sehr beliebt ist der sogenannte Ranschknödel. Hier wird in den Semmelknödelteig zusätzlich eine rohe Kartoffel hineingerieben.

www.knoedelwerferin-deggendorf.de

Beide Rezepte kommen von

Gasthaus »Zur Knödelwerferin«
Schlachthausgasse 1
94469 Deggendorf
Tel. 0991/47 67

Semmelknödel, Rezept s. S. 80

Kartoffelklöße »halb und halb«

1 500 g Kartoffeln in Salz-Kümmel-Wasser kochen (am besten
am Vortag), pellen und durch die Kartoffelpresse drücken. Die
restlichen, rohen Kartoffeln nicht zu fein reiben und fest auspres-
sen (in einem Küchentuch).

2 Die rohen zu den gekochten Kartoffeln geben. Wenn man das
»Auspresswasser« in einer Schüssel auffängt und etwas stehen
lässt, setzt sich nach kurzer Ruhephase die Stärke am Boden
ab. Die klare Flüssigkeit abschütten und die abgesetzte Stärke
zu den Kartoffeln geben. Eigelbe, Salz und Stärkemehl dazugeben und die Masse mit den Händen gut vermengen.

3 Die Weißbrotwürfel in Butter goldgelb rösten. Aus dem Teig
mit angefeuchteten Händen Knödel abdrehen und dabei in die
Mitte ein paar geröstete Weißbrotwürfel geben. Im Salzwasser
kochen wie die Semmelknödel.

Für ca. 10 Klöße

1 kg mehligkochende
Kartoffeln

Salz

1 TL Kümmelkörner

3 Eigelb

1 EL Speisestärke

50 g weißbrotwürfel

1 EL Butter

Warum gerade hier?

Deggendorf ist die inoffizielle Knödelhauptstadt Bayerns. Als die Hussiten seinerzeit den Böhmerwald
und den Bayerischen Wald durchzogen, kamen sie auch nach Deggendorf und belagerten es. Um die
Feinde in die Flucht zu schlagen, bewarfen die Deggendorfer die Angreifer mit Knödeln. Im Hussiten-
Lager erzählte man sich, dass die Deggendorfer Unmengen dieser Kugeln hätten und immer neue
machten. Die Hussiten brachen ihr Lager ab und zogen davon. So weit die Legende. Zur Erinnerung
ließ man zwei große Knödel aus Stein meißeln und hängte sie am Deggendorfer Rathaus auf.

Der Geheimtipp des Kochs

Das Fleisch sollte unbedingt mit den Knochen gekocht werden.
Sie geben der Soße einen besonders guten Geschmack. Um den
Sud zu entfernen, reicht es, ihn einfach im Kühlschrank erkalten zu lassen.
Die Fettschicht erhärtet und lässt sich so ganz leicht ablösen. Ein wenig
Fett sollte man wegen des Geschmacks aber doch dranlassen.
Mit Essigessenz kann man übrigens super kochen, denn dieser Essig besitzt
keinen Eigengeschmack, im Gegensatz zu Balsamico- oder Branntweinessig.
Das Abschmecken mit Preiselbeeren sorgt für die süßsaure Note.

Rehragout

1 Die Schultern in einen Topf geben und mit Wasser auffüllen. Das Fleisch sollte komplett vom Wasser bedeckt sein. Lorbeer, Wacholder, Pfeffer, Wildgewürz, Zwiebeln sowie die Essigessenz dazugeben und 1–1½ Stunden köcheln lassen.

2 Anschließend das Fleisch aus dem Sud nehmen, noch im warmen Zustand vom Knochen lösen und in kleine Stücke schneiden. Den Sud erkalten lassen, danach das erhärtete Fett abschöpfen.

3 Mit Mehl und Butter eine Mehlschwitze (Einbrenne) ansetzen. Dazu Butter in einem zweiten Topf zerlaufen lassen und das Mehl hineinrühren. Anschließend nach und nach mit dem Sud aufgießen und zu einer sämigen Soße verrühren. Mit Salz, Pfeffer und Preiselbeeren abschmecken. Die Rehstücke in die Soße geben und nur einmal kurz aufkochen lassen, da sonst das Fleisch zerfällt.

Serviervorschlag

Das Rehragout traditionell mit Semmelknödel und Wurzelgemüse servieren.

Für 4 Personen

2 Rehschultern mit Knochen

5 Lorbeerblätter

5 Wacholderbeeren

1 TL Pfefferkörner

1 TL Wildgewürz

3 kleine Zwiebeln, grob gewürfelt

4–5 EL Essigessenz

2 EL Mehl

3 EL Butter

Salz, Pfeffer

2–3 EL Preiselbeeren aus dem Glas

www.gasthaus-bichlmeier.de

Dieses Rezept kommt von

Gasthaus Bichlmeier
St.-Emmeran-Str. 20
86551 Unterschneitbach
Tel.: 08251/61 37

Warum gerade hier?

Am 1. Mai beginnt die Bockzeit in Bayern, das heißt: Die bayerischen Jäger dürfen dann wieder Rehwild schießen. Der Wirt vom Gasthaus Bichlmeier hat selbst ein Wildgehege, kennt seine Tiere aus dem Effeff und hat auch seine Töpfe im Griff. Das Rehragout-Rezept hat Christian von seiner Urgroßmutter vererbt bekommen und was damals schon geschmeckt hat, kann heute nicht verkehrt sein!

Rinderrouladen

Für 4 Personen

Für die Speckfüllung

1–2 Karotten

1–2 Gewürzgurken

3 Sträuße Petersilie

320 g Speck und
Räucherbauch gemischt

1/2 Zwiebel, grob
gewürfelt

Außerdem

4 Scheiben Rinderober-
schale (à 180 g)

mittelscharfer Senf

Salz, Pfeffer

Paprikapulver

Öl zum Braten

2 Zwiebeln, grob
gewürfelt

2 Karotten, grob
gewürfelt

200 g Sahne

1/4 l Gemüsebrühe

1 EL Mehl

1 Für die Speckfüllung die Karotten schälen und in der Mitte halbieren. Gurken und Karotten jeweils zweimal der Länge nach halbieren, sodass Sie jeweils vier gleich lange Stifte haben. Petersilie waschen und grob hacken. Speck, Räucherbauch und Zwiebel würfeln und alles schön knusprig in der Pfanne anschwitzen.

2 Die Rinderschnitzel flach klopfen, jeweils großzügig eine Seite mit Senf bestreichen und Salz, Pfeffer sowie Paprikapulver darüberstreuen. Die Speckfüllung auf die Rouladen verteilen und jeweils zwei Gurkenstifte, zwei Karottenstifte und etwas Petersilie pro Roulade auf das Fleisch geben. Die Seiten jeweils längs einschlagen, anschließend zu einer Roulade rollen und mit einer Rouladennadel oder einem Zahnstocher fixieren.

3 Jetzt die Rouladen in einer Pfanne mit Öl rundherum gut anbraten. Anschließend aus der Pfanne nehmen und stattdessen die Zwiebel- und Karottenwürfel hineingeben. Kurz anrösten, mit Sahne und Gemüsebrühe ablöschen. Den Bratensatz gut vom Boden des Topfs lösen, die Rouladen wieder dazugeben und etwas Wasser angießen, sodass sie schön bedeckt sind. Mit geschlossenem Deckel für knapp 2½ Stunden bei 180 °C (Ober- und Unterhitze) in den Backofen stellen.

4 Zum Schluss die Soße mit etwas Mehl abbinden und mit Salz, Pfeffer und etwas Senf abschmecken.

Serviervorschlag

Super dazu passen hier natürlich selbst gemachte Kartoffelklöße und eine schöne Portion Rahmwirsing.

Warum gerade hier?

Die Mathilde ist die Köchin im Gasthof und hat das Rezept von ihrer Oma. Die wiederum hat's von ihrer Oma, also werden die Rinderrouladen hier seit Generationen gleich zubereitet. Zudem liegt Kupferberg am Rand des Frankenwaldes – Heimat der berühmten Frankenwald-Rinder, die sich für dieses Gericht hervorragend eignen!

Dieses Rezept kommt von

Gasthof zum weißen Ross
Kirchplatz 3
95362 Kupferberg
Tel.: 09227/941 70

Der Geheimtipp des Kochs

Das Besondere bei diesem Rezept ist, dass der Bratensatz mit Sahne und nicht mit Wasser abgelöscht wird, denn das
hat Mathildes Oma auch schon so gemacht. Die frische Petersilie gibt
den Rouladen auch nach dem Schmoren noch eine richtig schöne
Kräuternote. Wichtig ist außerdem, das Fleisch schön dünn zu klopfen,
dadurch wird es zarter. Die Karotten und Zwiebeln in der Soße werden nach dem Garen durch ein Sieb passiert, denn das gibt der
Soße zusätzlich Geschmack.

Der Geheimtipp des Kochs

Wer will, gibt dem Teig ein wenig frischen Sauerteig (alternativ Trockensauerteig) dazu, das verleiht ihm einen würzigeren Geschmack. In der Regel benötigt man davon 10 % vom Mehlanteil, genaue Angaben siehe Packungsaufschrift des jeweiligen Herstellers.

Es kommt jedoch nicht nur auf den Teig an, den man sorgfältig kneten und danach ruhen lassen muss. Wichtig ist auch, dass die Creme beim Backen nicht verläuft. Am besten lassen Sie einen etwa 1 cm breiten Rand beim Bestreichen des Teiges frei, damit sich beim Backen eine schöne Kruste bildet.

Belegen kann man den Flammkuchen in ganz unterschiedlichen Geschmacksrichtungen, etwa klassisch mit Räucherspeck und Zwiebeln, etwas ausgefallener mit Lachs oder Scampi oder je nach Saison zum Beispiel mit Spargel.

Flammkuchen

1 Die Zutaten für die Kräutercreme gut verrühren und abgedeckt in den Kühlschrank stellen, damit die Kräuter ihr Aroma entfalten können.

2 Alle Zutaten für den Teig 8–10 Minuten gut verkneten, bis ein geschmeidiger Teig entstanden ist. Teigstücke von je 100 g abwiegen und zu einem Rund formen, abgedeckt mindestens eine Stunde ruhen lassen.

3 Den Backofen auf 250–270 °C (Ober- und Unterhitze) vorheizen. Teigstücke mit dem Rollholz sehr dünn ausrollen (24–26 cm ø) und auf mit Backpapier belegte Bleche geben. Je ca. 100 g Kräutercreme daraufstreichen, dabei einen Rand von ca. 1 cm frei lassen. Beliebig belegen (z. B. mit Zwiebeln und Speck, siehe Geheimtipp) und alles 5–7 Minuten backen.

Für ca. 10 Stück (à 24–26 cm)

Für die Kräutercreme

200 g Sauerrahm

200 g Crème fraîche

500 g Speisequark

gehackte frische Kräuter nach Belieben

evtl. Knoblauch

Salz, Pfeffer

Für den Teig

400 g Roggenmehl

200 g Weizenmehl

10 g Salz

10 g frische Hefe

20 g Olivenöl

350 ml Wasser

www.landwirtschaft-staudham.de

Dieses Rezept kommt von

LandWirtschaft im Gut Staudham
Münchner Str. 30
83512 Wasserburg am Inn
Tel.: 08071/904 45 90

Warum gerade hier?

In der »LandWirtschaft« werden die Flammkuchen noch in einem echten Holzofen am offenen Buchenholzfeuer gebacken. Nach traditioneller Art und selbst entwickelten Rezepten fertigt Bäckermeister Andi Schöpke vor den Augen der Gäste rösche Staudhamer Flammkuchen.

Hausgemachter Senf

Für 5 Gläser (à 200 ml)

400 ml wasser

100 ml Essig

1 mittelgroße Zwiebel,
fein gewürfelt

300 g Farinzucker

100 g gelbes Senfmehl

70 g braunes Senfmehl

1 TL Honig

1 TL frischer Meerrettich,
gehobelt

1 Das Wasser mit dem Essig und den Zwiebelwürfeln bis knapp unter den Siedepunkt erhitzen. Den Farinzucker dazugeben und verrühren, bis er sich ganz aufgelöst hat.

2 Das Senfmehl nach und nach in das Essigwasser geben und kräftig verrühren. Honig und Meerrettich hinzugeben und weiterrühren, bis das Senfmehl glatt vermengt ist und zu quellen beginnt. Den Topf vom Feuer ziehen und den Senf abkühlen lassen. Dabei entsteht eine Art Deckel aus Zucker, den Sie im lauwarmen Zustand gleichmäßig in den Senf rühren. Zuletzt den Senf in ausgekochte Gläser (und am besten luftdicht) abfüllen.

Der Geheimtipp des Kochs

Frischer Senf schmeckt anfangs immer sehr scharf. Lassen Sie ihn deshalb am besten noch zwei Tage im Kühlschrank ruhen, bevor Sie ihn servieren.

Auch ohne weitere würze erhalten Sie mit diesem Rezept ein super Ergebnis. Mithilfe besonderer Gewürze können Sie das Rezept aber nach Ihrem ganz eigenen Geschmack verfeinern. Sie sollten hierzu Gewürze verwenden, die man früher im Gewürzregal einer Metzgerei finden konnte – z. B. etwas Piment oder Nelken –, und sie dem Essigwasser zugeben.

www.wurstkuchl.de

Beide Rezepte kommen von

Historische Wurstkuchl
Weiße-Lamm-Gasse 3
93047 Regensburg
Tel.: 0941/46 62 10

Sauerkraut aus dem Steintopf

1 Große grüne Weißkrautblätter von der Seite der Krautköpfe abziehen und beiseitelegen. Die Strünke entfernen, die Krautköpfe in feine Streifen hobeln und diese schichtweise in einen Steintopf (oder Gärtopf) geben. Jeweils nach einer Schicht Weißkraut etwas Salz und Wacholderbeeren hinzugeben und das Kraut gut pressen. Auf diese Art fortfahren, bis das Gefäß übervoll ist. Das Kraut nun mit den Händen kräftig hineindrücken und anschließend mit den beiseitegelegten Krautblättern abdecken. Einen Holzdeckel (oder den Deckel eines Plastikeimers) darüberlegen, um die Kraft des Beschwerungssteins gleichmäßig zu verteilen. Zuletzt den Beschwerungsstein auflegen und das Kraut bei 8–12 °C mindestens 3 Wochen gären lassen. Während der Gärung entsteht am Topfrand Gärschaum. Diesen regelmäßig entfernen, den Deckel aber dabei nicht abnehmen! Nach Ende der Gärzeit die oberste Krautschicht entfernen.

Für ca. 5 Liter

ca. 5 kg Weißkraut
75 g Salz
reichlich Wacholderbeeren

Der Geheimtipp des Kochs

Für selbst gemachtes Sauerkraut nimmt man immer 1,5 % Salz der gehobelten Menge Weißkraut – man muss also ein bisschen rechnen! Sauerkraut wird klassisch im Holzfass oder, da das wohl kaum einer zu Hause hat, in einem großen Gefäß aus Steingut zubereitet. Wer auch keinen Steintopf hat, kann das Kraut in abgekochte, keimfreie Schraubgläser füllen.
Die Gärung kommt auf natürliche Weise durch Milchsäurebakterien in Gang, die sich auf den Weißkrautblättern befinden. Das Salz unterstützt das Aufbrechen der Zellstruktur, wodurch Wasser austritt und die Lufträume zwischen den Krautstreifen füllt.

Warum gerade hier?

Die historische Wurstkuchl in Regensburg gibt's seit über 500 Jahren. Dort, wo sich schon im Mittelalter die Regensburger Steinmetze und Hafenarbeiter ihre Stärkung gönnten, ist bis heute vieles beim Alten geblieben: der offene Holzkohlengrill, die hausgemachten Würstl aus purem Hinterschinken vom Schwein, das Sauerkraut aus dem eigenen Gärkeller und der bekannte Wurstkuchl-Senf nach dem sagenumwobenen Rezept von Elsa Schricker, der Urgroßtante des heutigen Besitzers.

Saures Lüngerl

Für 4 Personen

500 g Schweinslunge
1/8 l Essig

Für den Sud
2 Bund Suppengrün
2 Zwiebeln
2 l Wasser
2 Lorbeerblätter
2 Nelken
2 Wacholderbeeren
8 Pfefferkörner
1 gehäufter EL Salz
4 EL Essig

Für die Soße
40 g Butter
2 EL Mehl
1 EL Zitronensaft
Pfeffer, Salz
Zucker

1 Für den Sud das Suppengrün putzen und zerkleinern, Zwiebeln schälen und grob zerkleinern. Das Wasser zum Kochen bringen, alle Sud-Zutaten sowie die gewaschene Lunge hineingeben und etwa 1 Stunde kochen lassen. Danach die Lunge abtropfen und abkühlen lassen, in feine Streifen schneiden, mit ½ l Sud und ⅛ l Essig begießen und 1–2 Tage marinieren lassen.

2 Für die Soße eine braune Mehlschwitze bereiten. Dafür Butter erhitzen, Mehl dazugeben und kurz mitrösten. Jetzt das Ganze nach und nach mit Lungenbrühe ablöschen und alles gut verrühren. Dadurch entstehen keine Klumpen und die Soße wird schön sämig. Mit Zitronensaft, Pfeffer, Salz und Zucker abschmecken und erst dann die geschnittene Lunge dazugeben. Kurz aufkochen lassen und nochmals abschmecken.

Serviervorschlag
Traditionell wird das Saure Lüngerl mit Semmelknödeln auf den Tisch gebracht.

www.gasthof-zur-muehle.de

Warum gerade hier?
Der Gasthof zur Mühle liegt mitten im Rottaler Bäderdreieck und diese Region wird nicht umsonst die »Bayerische Toskana« genannt. Viele der Gerichte werden hier noch nach Oma Riegers Rezepten gekocht, so auch das Saure Lüngerl. Im Sommer lädt einer der schönsten Kastanienbiergärten der Region zum Verweilen ein. In herzlichem Ambiente kann man sich traditionell bayerische Küche kredenzen lassen und dazu gehören natürlich auch typisch bayerische Innereienspezialitäten.

Dieses Rezept kommt von
Gasthof zur Mühle
Mühlstr. 3
94137 Bayerbach
Tel. 08532/961 60

Der Geheimtipp des Kochs

Gerade bei Innereien ist eine gute Qualität sehr wichtig. Verfeinert wird das Lüngerl mit etwas Zucker, um den essigsauren Geschmack hervorzuheben. »ois wos sauer is, braucht a bisserl Zucker«, plaudert die Oma aus dem Nähkästchen. Die Lunge sollte mindestens einen, wenn nicht sogar zwei Tage vor der Zubereitung im Sud ziehen, damit sie dessen Geschmack gut aufnehmen kann.

Der Geheimtipp des Kochs

Damit der Spargel keine Fäden zieht, muss er gut geschält werden. Das Wasser, in dem der Spargel kocht, sollte recht salzig sein,
damit das Gemüse Geschmack annimmt. Zucker und Zitronensaft dürfen
auch auf keinen Fall fehlen.

Für den perfekten Biss legen Sie den Spargel ins gewürzte, kochende Wasser und geben dann den Deckel drauf. Durch den kalten Spargel sinkt die
Temperatur im Topf! Warten Sie deshalb, bis das Wasser wieder richtig auf-
kocht, dann lassen Sie den Spargel 3 Minuten kochen, ziehen den Topf vom
Herd und lassen den Spargel noch ca. 20 Minuten ziehen – jetzt sind die
weißen Stangen perfekt.

Geschmacklich macht es übrigens keinen Unterschied, ob Sie dicke oder
dünne Spargelstangen essen. Aus dem Spargelsud lässt sich mit etwas
Sahne und einer Mehlschwitze eine super Spargelsuppe zaubern.

Spargel mit Sauce Hollandaise

1 Den Spargel gut schälen. Wasser im Topf zum Kochen bringen. Das Wasser mit viel Salz, etwas Zucker und Zitronensaft würzen und aufkochen lassen. Spargel in den Topf geben, Deckel daraufsetzen, 3 Minuten kochen lassen, Topf vom Herd ziehen und ca. 20 Minuten ziehen lassen.

2 Für die Sauce Hollandaise Weißwein mit Eigelben verrühren und in einer Edelstahlschüssel über Wasserdampf schaumig schlagen (statt eines Schneebesens kann man auch ein elektrisches Rührgerät verwenden). Die flüssige, warme Butter tröpfchenweise zugeben und so lange schlagen, bis die Masse cremig wird. Vorsicht: Nicht zu lange übers Wasserbad halten, sonst gibt's Rührei. Zum Schluss mit Salz und Pfeffer abschmecken.

Für 4 Personen

1 kg bayerischer Spargel
Salz, Zucker, Zitronensaft

Sauce Hollandaise

50 ml Weißwein

3 Eigelb

200 g Butter

Salz, Pfeffer

Serviervorschlag

Gereicht wird der Spargel am besten mit Petersilienkartoffeln. Für diejenigen, die nicht auf Fleisch verzichten wollen: Ein paniertes Schnitzel oder Schinkenröllchen passen super dazu!

Dieses Rezept kommt von

Landgasthof Voglbräu
St.-Leonhard-Str. 2
86570 Inchenhofen
Tel.: 08257/12 11

Warum gerade hier?

Der kleine Ort Inchenhofen befindet sich im Schrobenhausener Spargelanbaugebiet, dem wohl bekanntesten in Bayern. Wirtin Birgit hat schon als kleines Mädchen im Betrieb mitgeholfen und ist quasi mit den weißen Stangen aufgewachsen. Zudem hat sie einen Tipp, wie der Spargel immer perfekt gar wird.

Kalbsbackerl

Für 4 Personen

1 kg parierte Kalbsbacken
(von Sehnen befreit)

Salz, Pfeffer aus
der Mühle

etwas Öl

1 Zwiebel, grob gewürfelt

1 Karotte, grob gewürfelt

150 g Sellerie, grob
gewürfelt

1/2 Knoblauchknolle

1 EL Tomatenmark

100 ml dunkler Balsamico-
Essig

1/4 l kräftiger Rotwein

1 l Rinderbrühe

1 Zweig Rosmarin

1 TL Wacholderbeeren

3 Lorbeerblätter

1 EL Zuckerrübensirup

1 TL Speisestärke

1 Die Kalbsbacken von allen Seiten salzen und pfeffern und in einem Schmortopf in etwas Öl scharf anbraten. Anschließend beiseitestellen. Zwiebel-, Karotten- und Selleriestücke sowie den geschälten Knoblauch in den Topf geben und ebenfalls anbraten. Tomatenmark zugeben und mit Essig ablöschen. Einreduzieren lassen, das heißt, die Flüssigkeit sollte beim Köcheln etwa um die Hälfte eindicken, dann mit Rotwein ablöschen. Diesen ebenfalls einreduzieren. Die Backen wieder hineinlegen und die Rinderbrühe angießen; die Backen sollten fast vollständig bedeckt sein. Im vorgeheizten Ofen zugedeckt bei 170 °C (Ober- und Unterhitze) 2 – 2½ Stunden garen. Nach 1 Stunde Garzeit die Kräuter und Gewürze zugeben.

2 Wenn die Backen weich gegart sind, diese aus der Soße nehmen. Die Soße mit dem Gemüse durch ein Sieb streichen, dabei das Gemüse gut ausdrücken. Die passierte Soße nochmals aufkochen, nach Bedarf nachsalzen und pfeffern. Nun etwas Zuckerrübensirup hinzugeben, da dieser die Säure von Tomatenmark und Essig neutralisiert und die Soße somit einen leicht süßsauren Charakter erhält. Zum Schluss die Soße mit der Speisestärke sämig abbinden.

Serviervorschlag

Zu diesem Gericht Kartoffel-Knoblauch-Püree und Rahmkohlrabi reichen. Wirsing oder Selleriegemüse, aber auch Spargel aus Franken ergänzen das Gericht ebenfalls wunderbar.

www.hotel-spessartstuben.de

Warum gerade hier?

Kalbsbackerl wurden jahrelang als Schlachtabfall vom Metzger entsorgt. Was früher verkannt war, ist mittlerweile wieder eine echte bayerische Spezialität. Das Fleisch ist weicher als Butter, zarter wie so manches Filet und unglaublich lecker im Geschmack. Wolfram Kopetz von den Spessartstuben hat das erkannt und kämpft seitdem dafür, dass diese tolle Spezialität nicht achtlos weggeworfen wird. Unterfranken ist zudem bekannt für seine guten Weine – und die braucht man unbedingt für dieses Schmorgericht.

Dieses Rezept kommt von

Hotel-Restaurant Spessartstuben
Jahnstr. 7
63808 Haibach
Tel. 06021/636 60

Der Geheimtipp des Kochs

Kalbsbackerl bestehen aus reinem Muskelfleisch und werden nach dem Schmoren butterzart. Vorausgesetzt, sie werden gut pariert, d.h. vom Metzger vollständig von Sehnen befreit. Um ein gutes Ergebnis zu erzielen, braten Sie das Fleisch scharf an und schmoren es behutsam.

Zuckerrübensirup neutralisiert die Säure von Tomatenmark und Essig. Alle Kräuter erst nach ca. 1 Stunde in den Schmortopf geben. Dadurch entfalten sie ihr Aroma perfekt!

Der Geheimtipp des Kochs

Wichtig ist die Kartoffelsorte: Eine festkochende Kartoffel (z. B. Nicola) muss es sein, mehlige Sorten zerfallen. Zum Schluss gehört unbedingt ein Schluck dunkles Bier in die Soße. Es gibt auch Variationen, bei denen das fertige Bratl mit einem Schuss Essig abgeschmeckt wird.

Bauernbratl

1 Das Wammerl mit Salz und Pfeffer einreiben. Die Schwarte mit einem scharfen Messer rautenförmig einritzen und den Kümmel darüberstreuen. Zwiebeln, Karotten, Sellerie, Lauch und Petersilie waschen, putzen, das Gemüse in 2 – 4 cm große Stücke schneiden. Alles mit den Schweineknochen und dem Wammerl in eine Auflaufform geben und in die auf 220 °C (Ober- und Unterhitze) vorgeheizte Bratröhre schieben.

2 Nach 1 Stunde und 20 Minuten 1 l Wasser aufgießen. Die geschälten und geviertelten Kartoffeln dazugeben. Bei 180 °C in 35 – 40 Minuten fertig garen.

3 Die Bratensoße mit Salz, Pfeffer, dunklem Bier und gegebenenfalls einem Schuss Essig abschmecken. Nach Belieben mit etwas Mehl binden.

Für 4 Personen

1,6 kg Schweinebauch (Wammerl)

Salz, Pfeffer

1 TL Kümmel

150 g Zwiebeln

50 g Karotten

50 g Sellerie

50 g Lauch

etwas Petersilie

1 kg Schweineknochen

1 kg Kartoffeln

100 ml dunkles Bier

evtl. 1 Schuss Essig

evtl. Mehl zum Binden

www.gasthaus-berndorf.de

Dieses Rezept kommt von

Gasthaus Berndorf
Berndorf 1
84036 Kumhausen
Tel.: 0871/424 50

Warum gerade hier?

Das Bauernbratl ist ein Gericht, das wohl die wenigsten kennen. Diese sehr alte bayerische Mahlzeit galt früher als Armeleute- oder Resteessen. Leider findet man es nur auf sehr wenigen Speisekarten. Im Gasthaus Berndorf in Kumhausen hält man dieses traditionelle Gericht noch in Ehren – und es schmeckt wie zu Hause bei Mama.

Juradistl-Lamm

Für 4 Personen

100 g Karotten

100 g Lauch

100 g Sellerie

200 g Zwiebeln

1 Knoblauchzehe

4 Lammhaxerl
(à ca. 300 g)

Salz, Pfeffer

Olivenöl

1 EL Tomatenmark

1/2 l Rotwein

je 1 Zweig Thymian und
Rosmarin

1 l Lammfond

Stärkemehl

1/2 l Portwein

brauner Zucker

1 Das Gemüse waschen, schälen und fein würfeln. Die Lammhaxerl mit Salz und Pfeffer würzen und in Olivenöl von allen Seiten anbraten. Gemüse zugeben und mitschwitzen, bis alle Zutaten eine schöne goldgelbe Farbe haben. Tomatenmark zugeben, mit Rotwein ablöschen und etwas einkochen lassen; diesen Vorgang noch zweimal wiederholen. Zuletzt Thymian und Rosmarin dazugeben, mit Lammfond auffüllen, das Fett abschöpfen und das Ganze bei 180 °C (Ober- und Unterhitze) ca. 90 Minuten zugedeckt im Rohr schmoren.

2 Die Lammhaxerl herausnehmen und warm halten. Den Fond durch ein Sieb passieren und ggf. mit etwas Stärke binden. Aus Portwein und etwas braunem Zucker eine Reduktion kochen und damit die Soße verfeinern.

Serviervorschlag
Ein mit etwas Knoblauchöl versehenes Kartoffelgratin passt hervorragend als Beilage.

www.weisses-ross.de

Warum gerade hier?
Das Landhotel liegt im bayerischen Jura, der Heimat des berühmten Juradistl-Lamms. Dieses wächst art- und naturgerecht auf den Trockenrasen der Umgebung heran. Das Landhotel Weißes Roß ist über die Grenzen hinaus auch als gute Adresse für feines Essen bekannt: vom Oberpfälzer Schmankerl bis zu ausgezeichneter Gourmetküche.

Dieses Rezept kommt von
Landhotel Weißes Roß
Am Kirchberg 1
92278 Illschwang
Tel.: 09666/13 34

Der Geheimtipp des Kochs

Durch das mehrmalige Ablöschen und Einkochen mit Rotwein bekommt die Soße für die Lammhaxerl eine kräftige Farbe, einen guten Geschmack und einen schönen Glanz. Den Portwein erst zum Schluss zugeben, sonst verkocht der süßliche Geschmack, der die Soße abrundet.

Der Geheimtipp des Kochs

Für Krautwickerl benötigt man große Krautblätter – die vom
Spitzkohl eignen sich am besten. Die einzelnen Blätter lassen sich,
ohne einzureißen, leicht vom Kopf lösen, indem man den Strunk heraus-
schneidet und den Krautkopf anschließend kurz in einen großen Topf mit
siedendem Wasser legt.

Die rohen Milchreiskörner in der Füllung dienen der besseren Bindung. Knoblauch passt gut, wer möchte, kann eine gehackte Zehe in die Füllung geben.
Am besten halten die Krautwickerl mit Zahnstochern oder Küchengarn zusammen.

Krautwickerl

1 Die Krautblätter in kochendem Wasser kurz blanchieren. Die Semmeln in eine Schüssel geben und in Wasser einweichen. Zwiebel in etwas Butter anschwitzen, die Kräuter fein hacken. Zwiebel, Kräuter, Hackfleisch, Eier, Salz und Pfeffer zu einer homogenen Masse kneten. Eingeweichte Semmeln mit der Hand ausdrücken und zusammen mit dem Milchreis zum Teig geben. Alles gut verkneten.

2 Die blanchierten Kohlblätter auslegen, in der Mitte die Hackfleischmasse daraufstreichen, an den Rändern 2 cm frei lassen. Die Blätter über die Hackfleischmasse klappen und zu einem festen Wickel rollen. Alles mit Küchengarn zubinden. Wer will, brät die Krautwickerl jetzt kurz an, damit sich der Kohlgeschmack schön entfaltet, das ist aber nicht zwingend nötig.

3 Die Hälfte des Sauerkrauts in einen Topf geben und die Krautwickerl darauflegen. Die Zwischenräume mit dem restlichen Sauerkraut auffüllen. Den Topf ohne Deckel in den auf 130 °C (Ober- und Unterhitze) vorgeheizten Ofen schieben. Nach 30 Minuten den Fond aufgießen, einen Deckel auf den Topf geben und weitere 30 Minuten im Ofen garen. Ist das Kraut noch zu sauer, mit etwas Zucker abschmecken.

Für 4 Personen

8 große Krautblätter (bevorzugt vom Spitzkohl)

4 Semmeln

1 Zwiebel, fein gewürfelt

etwas Butter

5 Salbeiblätter

2 Zweige Thymian

500 g gemischtes Hackfleisch

4 Eier

Salz, Pfeffer

100 g Milchreis (roh)

700 g Sauerkraut

1/2 l Bratenfond

Bad Wörishofen, Denkmalplatz

Serviervorschlag
Die Krautwickerl zusammen mit dem Sauerkraut und Salzkartoffeln reichen. Der Fond im Topf dient als Soße.

Dieses Rezept kommt von
Hartenthaler Hof
Hartenthal 2
86825 Bad Wörishofen
Tel.: 08247/997 97 30
www.hartenthaler-hof.de

Warum gerade hier?
Im Allgäu sind nicht nur die Krautkrapfen daheim, sondern auch die Krautwickerl!
Im Harthentaler Hof werden sie noch frisch zubereitet und sind hier ein besonders beliebtes Gericht bei Ausflüglern.

Grillhendl

Für 4 Personen

1-2 frische Hähnchen
(à 1-1,3 kg)
1 TL Salz
1 TL Pfeffer
1 TL Paprika
etwas Butter zum
Bepinseln

1 Die Hähnchen am Vortag nach bayerischer Art mit Salz, Pfeffer und Paprika (ganz scharfe Köche dürfen auch gerne etwas mehr Paprika nehmen) würzen. Je nach gewünschter Geschmacks-richtung dieser Grundmischung eventuell Curry und etwas Chili (asiatisch) oder Rosmarin und Thymian (mediterran) hinzufügen.

2 Den Backofen auf 220 °C (Ober- und Unterhitze; Umluft 190 °C) vorheizen. Die Hähnchen jeweils mit der unteren Öffnung über eine Tasse oder einen Hendlhalter stülpen (auch wenn das erst einmal ungewöhnlich erscheint: die Hähnchen liegen also nicht!) und in eine ofenfeste Form stellen, in die das Fett tropfen kann. Die Hähn-chen je nach Größe 1 Stunde (1 kg) bis 1 ½ Stunden (1,3 kg) auf der untersten Schiene des Ofens braten lassen. Bei der Variante mit der Bierdose (siehe Geheimtipp) dauert's nicht ganz so lange, da die Hendl zusätzlich durch den Bierdampf von innen gegart werden.

3 Für eine knusprige, goldgelbe Haut die Hähnchen zwei- bis drei-mal während des Bratens mit Butter bestreichen. Durchgarprobe: Lassen sich die Schenkel weich anstechen und ist der Halsansatz nicht mehr rot, sind die Hähnchen durchgebraten. Die Hendl in der Röhre noch ca. 10 Minuten ruhen lassen und dann zerteilen (hal-bieren oder vierteln).

Serviervorschlag
Zu einem feinen Brathendl passt am besten Laugengebäck und Kartoffelsalat.

Warum gerade hier?
Martinlamitz liegt zwischen dem Fichtelgebirge und dem bayerischen Vogtland am Fuße des Großen Kornbergs. Max Hertel ist dort geboren – und er war der erste mobile Hähnchenbrater Deutschlands. Seit 1967 gibt es die frisch gegrill-ten Hähnchen zum Mitnehmen an den Hertel's Verkaufsständen, meist auf Wochenmärkten, aber auch vor Lebensmittelgeschäften oder auf privaten Plätzen (genaue Standorte über die angegebene Telefonnummer oder Website).

www.hertel-haehnchen.de

Dieses Rezept kommt von
Hertel Verwaltungs GmbH
Tel.: 09284/95 00 95

Der Geheimtipp des Kochs

Für ein gutes Grillhendl lieber ein ganz frisches Hähnchen verwenden – keine Tiefkühlware.

Bei frischer Ware sind die Knochen hell – je dunkler sie sind, desto älter ist das Tier und hat weniger Aroma und Geschmack.

Damit die Marinade auch gut einziehen kann, das Hendl am besten einen Tag vor der Zubereitung würzen. Für die perfekte Bräunung das Hendl mit der unteren Öffnung einfach auf eine umgedrehte Hafertasse oder eine halb volle Bierdose stellen oder einen speziellen Hendlhalter kaufen.

Der Geheimtipp des Kochs

Der größte Fehler ist, den Fisch zu lange zu braten. Die Renken
am besten auf beiden Seiten kurz knusprig anbraten, wenn möglich in
Butterschmalz. Anschließend noch kurz im Backofen bei niedriger Hitze (ca.
80 °C, Ober- und Unterhitze) 5 Minuten gar ziehen lassen. Der Fisch ist fertig,
wenn sich das Fleisch ganz leicht von der Gräte lösen lässt.

Starnberger Renke

1 Die Renken unter fließendem kaltem Wasser abspülen, trocken tupfen, salzen und pfeffern. Anschließend in Mehl wenden. Das Butterschmalz erhitzen, die Fische von beiden Seiten in ca. 6–8 Minuten goldgelb darin anbraten und nachgaren lassen (siehe Geheimtipp).

2 Die Zitronen schälen und in ca. 1 cm dicke Scheiben schneiden. In einem kleinen Topf die Butter zergehen lassen. Die fertigen Renken auf Tellern anrichten, mit Zitronenscheiben garnieren und die Fische mit zerlassener Butter überziehen.

Serviervorschlag
Eventuell zum Verfeinern gehobelte Mandelsplitter anrösten und darübergeben.

Für 4 Personen

4 küchenfertige Renken
Salz, Pfeffer
Mehl
Butterschmalz
2 unbehandelte Zitronen
100 g Butter

www.dechants-fischladen.de

Dieses Rezept kommt von
Dechant – Fischladen & Restaurant
Hauptstr. 20
82319 Starnberg
Tel.: 08151/121 06

Warum gerade hier?
Das Fischrestaurant Dechant ist von einem Fachmagazin zum besten Fischgeschäft Deutschlands gewählt worden. Peter, der Chef, ist selbst Berufsfischer und hat schon von seinem Vater alles über die Fische im Starnberger See gelernt. Die Renke ist dort übrigens der sogenannte »Brotfisch«, das heißt, dieser Fisch kommt im Starnberger See am häufigsten vor.

Zum Schluss was Süßes

Oberpfälzer Maultaschen

Für 4–5 Personen

4–5 Äpfel (ca. 800 g)

Zimt, Zucker

gehackte Nüsse

Rosinen

1 kg mehligkochende Kartoffeln (vom Vortag)

2 Eier

ca. 150 g Mehl

Salz, Muskat

1 Becher Sauerrahm

Butter

1 Für die Füllung die Äpfel schälen, entkernen, achteln und in dünne Scheiben schneiden. Je nach Belieben mit Zimt, Zucker, Nüssen und Rosinen vermischen.

2 Die gekochten und geschälten Kartoffeln durch eine Presse drücken oder fein reiben. Mit den Eiern, dem Mehl, Salz und Muskat zu einem Teig vermischen. Ist dieser zu weich, noch etwas Mehl hinzufügen.

3 Aus dem Teig eine dicke Rolle formen und ca. 3 cm dicke Scheiben abschneiden. Die einzelnen Scheiben mit einem Nudelholz ausrollen. Wer keines zur Hand hat: Ein Glas oder eine Flasche tut es auch. Jede Scheibe mit 1 TL Sauerrahm bestreichen, eine gute Hand von der Apfelfüllung daraufgeben und das Ganze mit Zimtzucker bestreuen. Die Teigecken einklappen und zu kleinen Taschen verschließen.

4 Die Maultaschen dicht aneinander in eine gebutterte Auflaufform legen und bei ca. 200 °C (Ober- und Unterhitze) ca. 45 Minuten backen. Kurz vor dem Servieren noch einmal etwas Butter daraufstreichen und Zimtzucker darüberstreuen.

Serviervorschlag
Dazu passt super eine Kugel Vanilleeis.

www.scheidlerhof.de

Warum gerade hier?
Weil wir dieses Gericht auf keiner Speisekarte mehr gefunden haben! Die Theresia und der Franz vom Scheidlerhof haben aber extra für uns die Oberpfälzer Maultaschen wieder in ihr Sortiment aufgenommen. Dafür bedanken wir uns recht herzlich!

Dieses Rezept kommt von
Scheidlerhof
Harlesberg 4
92637 Theisseil bei Neustadt
an der Waldnaab
Tel.: 09602/13 15

Der Geheimtipp des Kochs

Den Kartoffelteig nicht zu lange kneten, sonst wird er zäh
und klebrig. Die Form, in der die oberpfälzer Maultaschen gebacken werden, immer gut ausfetten, damit sie sich nach dem Backen
gut lösen. Für die Füllung am besten säuerliche Äpfel verwenden und mit
dem Zimtzucker nicht sparen, denn erst das Zusammenspiel von süßem
Zimtzucker und säuerlichem Obst gibt den besonderen Geschmack.

Der Geheimtipp des Kochs

Bei der Zubereitung darauf achten, dass die Zutaten annähernd
die gleiche Anfangstemperatur haben und nicht frisch aus dem Kühl-
fach kommen. Am besten 1 Stunde vorab alles in der Küche bereitstellen.
Für das Aufgehen des Teiges ist wichtig, dass die Schüssel warm steht,
aber nicht über 45 °C, und vor allem zuggeschützt ist. Sollte es zu zugig, zu
kalt oder zu warm sein, geht der Teig nicht auf.

Rohrnudeln

1 Als Erstes einen Vorteig (das sogenannte Dämpferl) ansetzen. Dafür die Hefe mit etwas Zucker und der Hälfte der lauwarmen Milch verrühren.

2 Das Mehl in eine Schüssel geben und eine Mulde in der Mitte formen. Das Ganze sollte aussehen wie ein kleiner Mehlvulkan. In den Mehlkrater die Hefemilch füllen, dann mit dem Finger etwas Mehl vom Rand in die Hefemilch rühren, und zwar so, dass der Vulkanrand nicht bricht. Die Schüssel jetzt mit einem Küchentuch abdecken und zugedeckt an einem warmen Ort gehen lassen, bis das Dämpferl etwa doppelt so groß ist.

3 Anschließend zimmerwarmes Fett, Zucker, Eier, Salz und Zitronenabrieb auf den Mehlrand geben und alles zu einem gleichmäßigen Teig verkneten, bis dieser Blasen wirft und sich von der Schüssel löst. Den Teig zugedeckt an einem lauwarmen Platz ruhen lassen.

4 Mit einem Esslöffel kleine Nocken abstechen, diese mit der Hand runden und nebeneinander in eine gefettete Keramik-Auflaufform schichten. Die Nocken sollten sich nur ganz leicht berühren. Die Nocken ein weiteres Mal gehen lassen, dann das Ganze bei 190°C (Ober- und Unterhitze) ca. 30 Minuten goldbraun backen.

5 Haben die Rohrnudeln die perfekte goldbraune Farbe, diese aus der Auflaufform stürzen, sofort mit Zucker oder Vanillezucker bestreuen und servieren.

Für 4 Personen

20 g Hefe

1 Prise Zucker

1/4 l lauwarme Milch

500 g Mehl

80–100 g Palmfett

50 g Zucker

1–2 Eier

1 Prise Salz

etwas Zitronenabrieb

Fett für die Form

Zucker oder Vanillezucker zum Bestreuen

www.zur-krone-bruennau.de

Dieses Rezept kommt von

Landgasthof »Zur Krone«
Brünnau 4
97357 Prichsenstadt
Tel.: 09382/17 45

Warum gerade hier?

Über 100 Jahre alte Rezepte von Uroma, Oma und der Mama stehen hier noch auf der Karte – aber in modernisierter Form, wie man sie sonst kaum zu sehen bekommt. Der Anspruch ist »eine kreative, fränkische Küche, deren Wurzeln neu überarbeitet sind, aber dennoch tief reichen«. – Und das schon seit sieben Generationen!

Zwetschgendatschi

**Für 1 Blech
(ca. 30 x 30 cm)**

600–800 g Zwetschgen

Für den Streuselteig

100 g Mehl

50 g Zucker

50 g Butter

Für den Datschiteig

20 g Hefe

100 g Milch

400 g Mehl

100 g weiche Margarine
oder Butter

80 g Zucker

2 Eier

5 g Backpulver

1 Prise Salz

etwas Butter und Mehl
für das Blech

etwas Semmelbrösel
und Zucker

1 Für den Streuselteig Mehl und Zucker in eine Schüssel geben. Butter verflüssigen und dazugießen. Alles zu einem homogenen Teig vermischen, flach drücken, mit Frischhaltefolie umwickeln und in den Kühlschrank legen.

2 Für den Datschiteig die Hefe in lauwarmer Milch auflösen. Alle weiteren Zutaten in eine Schüssel geben, die Milch mit der aufgelösten Hefe dazugießen und das Ganze zu einem mittelfesten Teig verkneten. Je nach Teigbeschaffenheit noch etwas Milch dazugeben. Teig ausrollen und auf das gefettete und leicht bemehlte Backblech legen. Etwas Semmelbrösel mit Zucker mischen (Verhältnis 5:1) und darüberstreuen (bei weichen Zwetschgen gerne mehr).

3 Die Zwetschgen waschen, entsteinen und längs auf zwei Seiten so einschneiden, dass die Viertel noch zusammenhängen. Auf den Teig überlappend auflegen. Danach den gekühlten Streuselteig grob zerkleinern und die Streusel darüberstreuen. Den Datschi im vorgeheizten Backofen bei 210 °C (Ober- und Unterhitze; Umluft 195 °C) ca. 25 Minuten auf der mittleren Schiene backen.

Serviervorschlag
Nach dem Ausbacken kann der Datschi mit Zimtzucker bestreut werden. Schleckermäulchen den frischen Zwetschgendatschi mit geschlagener Sahne servieren.

www.baeckerei-conditorei-mueck.de

Warum gerade hier?
Weil der Zwetschgendatschi in Augsburg erfunden wurde! Die Augsburger Bürger tragen nicht umsonst den nicht ganz ernst gemeinten Spitznamen »Datschiburger«. Zudem ist Peter von der Bäckerei Mück einer der Konditoren, die den Datschi nicht industriell fertigen lassen, sondern ihn wirklich jeden Tag selbst backen.

Dieses Rezept kommt von
Bäckerei/Conditorei Mück
Hippelstr. 1
86167 Augsburg
Tel.: 0821/72 11 88

Der Geheimtipp des Kochs

Tortenguss braucht's für einen guten Zwetschgendatschi
nicht. Viele Bäckereien verwenden ihn nur, damit sie den Datschi
auch am Folgetag noch als »frisch« verkaufen können. Bei einem Datschi ohne Tortenguss merkt man nämlich schon nach einem Tag, dass
er nicht mehr ganz so frisch aussieht.
Der Teig sollte vor dem Belegen ausgerollt und etwas gekühlt werden.
Möglichst reife Zwetschgen nehmen, denn grüne haben noch keinen
Geschmack, aber auch nicht zu reife, denn dann saften sie zu viel und
der Datschi wird matschig.

Der Geheimtipp des Kochs

Die Temperatur der Pfanne sollte nicht zu heiß sein. Halbe Hitze
ist völlig ausreichend.
Die Pfanne nicht höher als 2 cm hoch mit Teig befüllen. Danach sofort den
Deckel daraufgeben, damit der Kaiserschmarrn schön aufgehen kann. Zum
Schluss den Kaiserschmarrn in flüssigem Karamell wenden, damit er eine
süße, knackige Kruste bekommt.

Kaiserschmarrn

1 Mehl, Zucker und Milch zu einem glatten Teig verrühren. Anschließend die Eier, etwas Zitronenabrieb und Salz dazugeben. Eine Pfanne (ca. 28 cm ø) auf mittlerer Stufe erhitzen, die Hälfte der Butter zerlaufen lassen, Teig einfüllen, nach Belieben Rosinen darüber verteilen und alles bei geschlossenem Deckel backen lassen. Wenn die untere Seite goldgelb ist, den Fladen umdrehen und die restliche Butter in Flocken am Pfannenrand verteilen. Mit geschlossenem Deckel fertig backen, dann auf ein Brett geben und in rautenförmige Stücke schneiden.

2 In der Pfanne Butter und Zucker zu einem hellbraunen Karamell zerlaufen lassen, anschließend die Kaiserschmarrnstücke dazugeben, bis sie schön mit dem Karamell ummantelt sind. Zuletzt mit viel Puderzucker bestreuen.

Serviervorschlag
Klassisch Apfelmus oder Zwetschgenröster dazu reichen.

Für 4 Personen

100 g Mehl

30 g Zucker

1/8 l Milch

3 Eier

etwas Zitronenabrieb

1 Prise Salz

50 g Butter

Rosinen nach Belieben

Puderzucker zum Bestreuen

Für das Karamell

40 g Zucker

40 g Butter

www.aibl.de

Dieses Rezept kommt von
Almgasthaus Café Aibl
Im Egerl, Aibl-Alm 1
83708 Kreuth/Scharling
Tel.: 08029/437

Warum gerade hier?
Kaiserschmarrn ist *das* klassische Hüttenessen und hat mehr mit Oberbayern zu tun, als man vielleicht im ersten Moment vermutet. Kaiserin Sisi, die in Oberbayern geboren wurde, wollte ein Dessert des Hofpatissiers nicht essen. Kaiser Franz Joseph soll daraufhin so was gesagt haben wie: »Dann gib halt her den Schmarrn!« – Daher hat das Dessert wohl seinen Namen. Im Almgasthaus Aibl wird der Kaiserschmarrn noch ganz traditionell und frisch zubereitet. Zudem genießt man im rund 900 Meter hoch gelegenen Gasthof vom Ertl Schorsch eine tolle Aussicht. Der perfekte Ort also für diese traditionsreiche Mehlspeise.

Apfelstrudel

Für 4 Personen

Für den Strudelteig

250 g Mehl Type 550

1 Ei

5 g Salz

1 Prise Zucker

80 ml lauwarmes Wasser

40 g Öl

flüssige Butter zum Bestreichen

1 Für den Strudelteig Mehl, Ei, Salz, Zucker und Wasser zuerst mit den Knethaken des Handrührers, danach für ca. 10 Minuten mit den Händen verkneten; er sollte sich von den Händen und vom Tisch lösen. Alternativ kneten Sie in der Küchenmaschine alle Zutaten in 5 Minuten zu einem geschmeidigen Teig. Teig zur Kugel formen, mit Öl bestreichen und 45 Minuten unter einer heiß ausgespülten Schüssel ruhen lassen.

2 Den Teig auf einem bemehlten Tuch (1 x 1 m) hauchdünn zu einem Rechteck ausrollen bzw. mit dem Handrücken hauchdünn ausziehen (je dünner der Teig ist, umso knuspriger wird er). Den Teig mit flüssiger Butter bestreichen.

Der Geheimtipp des Kochs

Wichtig ist, dass man säuerliche Äpfel nimmt, sonst wird der Strudel zu süß.

Wenn der Strudelteig im Öl »gebadet« wird, wird er geschmeidiger und ist etwas besser zu verarbeiten. Durch das Einstreichen mit Butter während des Backens wird der Strudel nicht brüchig. Wem das alles zu aufwendig ist: alternativ ca. 300 Gramm fertig ausgezogenen Strudelteig kaufen.

www.gasthof-ohrnbachtal.de

Dieses Rezept kommt von
Gasthof Ohrnbachtal & Landhotel
Ohrnbach 5
63937 Weilbach
Tel.: 09373/14 13

3 Für die Füllung die Apfelscheiben in eine Schüssel geben und mit etwas Zitronensaft vermengen, damit sie nicht braun werden. Haselnüsse und Mandelblättchen in einer trockenen Pfanne leicht rösten. Dann alle Zutaten zu den Äpfeln geben und gut vermengen. Die Crème fraîche kann weggelassen werden, sie macht das Ganze aber etwas runder im Geschmack.

4 Den Backofen auf 170 °C (Umluft) vorheizen. Die Füllung so auf dem Teig verteilen, dass ein kleiner Rand von ca. 2 cm stehen bleibt. Den Strudel mithilfe des Tuches einrollen, auf ein mit Backpapier ausgelegtes Blech setzen und in ca. 30 Minuten goldbraun backen. Während des Backens immer wieder mit flüssiger Butter bestreichen.

Für die Füllung

1 kg säuerliche Äpfel (z. B. Cox orange, Elstar, Boskoop) in dünnen Scheiben ohne Schale

80 g gemahlene Haselnüsse

50 g Mandelblättchen

etwas Zitronenabrieb

etwas Zitronensaft

1/2 TL gemahlener Zimt

2 Prisen gemahlener Kardamom

80 g in Rum und Calvados eingeweichte Rosinen

2 cl Rum

3 cl Calvados

100 g Zucker

2 EL Crème fraîche

flüssige Butter zum Bestreichen

Warum gerade hier?

Unterfranken gehört zu den größten Obstanbaugebieten in ganz Deutschland. Patrick Schäfer, der Chefkoch, hat schon für prominente Profi-Köche gearbeitet und dort gelernt, wie man Strudelteig selbst »ziehen« kann.

Mirabellenmarmelade

Für 18 Gläser (à 220 g)

3 kg Mirabellen (entsteint gewogen)

1 1/2 kg Gelierzucker 2:1

1 In einem ausreichend großen Topf die entsteinten Mirabellen mit 1½ kg Gelierzucker 2:1 mischen, den Zucker unter die Früchte heben und die Mischung 30 – 60 Minuten zugedeckt ziehen lassen. Das sorgt dafür, dass etwas Saft aus den Früchten austritt und zugleich der Zucker bereits in die Früchte eindringen kann.

2 Nun die Gläser und Deckel vorbereiten: Beides heiß abspülen und umgedreht zum Trocknen und zur späteren Verwendung griffbereit auf ein sauberes Küchentuch stellen, die Innenseiten nicht mehr anfassen.

3 Nun vorsichtig bei mittlerer Hitze die Masse im Topf erwärmen, bis sie kocht, dabei gut umrühren. Wenn die ganze Masse sprudelnd kocht (also noch nicht, wenn die ersten Bläschen aufsteigen), beginnt die Kochzeit, die je nach Gelierzucker (siehe Packung)

Der Geheimtipp des Kochs

Verwenden Sie nur vollreife (nicht überreife), einwandfreie Früchte ohne Schad- und Druckstellen und von bester Qualität. Waschen Sie die Früchte vorsichtig mit kaltem Wasser, noch bevor Sie die Blätter, Stiele oder Rispen entfernen bzw. bevor Sie sie entsteinen. Ansonsten geht zu viel Saft verloren und die Früchte nehmen zu viel Wasser auf.
Verwenden Sie einen möglichst großen Topf, den Sie aber höchstens zur Hälfte füllen.
Nehmen Sie am besten mittelgroße Sturzgläser mit glattem Rand ohne Wölbung und luftdicht schließendem Twist-off-Verschluss.

www.marmeladen-haus.de

Dieses Rezept kommt von
Marmeladen-Haus
Rindermarkt 7
94032 Passau
Tel.: 0851/21 18 80 36

meist 4–5 Minuten dauert und die Sie genau einhalten sollten. Kochen Sie zu kurz, wird die Marmelade nicht richtig gelieren. Überschreiten Sie die Zeit, geht die Gelierfähigkeit des Pektins ebenfalls verloren. Wenn Sie möchten, testen Sie mit einem kleinen Klecks Marmelade auf einem kalten Teller, ob sie geliert, also fest wird.

4 Nach Ende der Kochzeit den Topf vom Herd nehmen. Für Marmelade mit vielen Fruchtstücken diese sofort abfüllen. Sollen weniger Stücke in der Marmelade sein und diese sämiger werden, die Masse nach Wunsch mit einem Stabmixer zerkleinern. Das sollte maximal 1 Minute dauern, denn Sie sollten die Masse so heiß wie möglich abfüllen. Mit einer Schöpfkelle und einem Marmeladentrichter mit großer Öffnung die Marmelade randvoll in die bereitgestellten Gläser füllen und diese sofort mit einem Deckel fest verschließen. Die gefüllten Gläser auf den Kopf stellen, nach etwa 5 Minuten wieder umdrehen.

5 Die fertige Marmelade wird sich an einem kühlen und dunklen Ort (z. B. im Keller) verschlossen mindestens 2 Jahre halten. Nach dem Anbrechen kühl aufbewahren und innerhalb von 2–3 Wochen verzehren.

Variationen

Unser Grundrezept können Sie auch mit vielen anderen Obstsorten kochen. Gut zu wissen dabei ist: Wegen ihres natürlichen Pektingehalts gelieren Marmeladen aus verschiedenen Früchten unterschiedlich gut. Äpfel, Quitten oder Johannisbeeren sind pektinreich und gelieren besser als pektinarme Früchte wie Himbeeren, Erdbeeren, Kirschen, Trauben oder Pflaumen.

Warum gerade hier?

In der kleinen Familien-Manufaktur zählen Tradition und hergebrachte Werte: reine Handarbeit, beste Zutaten, schonende Verarbeitung ohne Maschinen und ohne künstliche Zusätze wie Farbstoffe oder Geschmacksverstärker. Daraus entstehen mit viel Liebe und Kreativität weit über 50 verschiedene leckere Marmeladen, Gelees, Fruchtaufstriche und einige Chutneys. Im Jahresverlauf wechseln sich sommerliche Klassiker wie »Holunderblüten-Gelee« mit winterlichen Kreationen wie »Pflaumen-Rotwein-Zauber« ab.

Zwetschgenknödel

Für 4 Personen

1 kg mehligkochende Kartoffeln vom Vortag

Salz, Muskat

2 Eier

250 g Kartoffelmehl

250 g Zwetschgen

2 EL Butter

2 EL Semmelbrösel

4 EL Sauerrahm

Zimtzucker nach Belieben

2 EL Puderzucker

Preiselbeeren aus dem Glas

1 Die gekochten und geschälten Kartoffeln reiben, etwas Salz, Muskat, die Eier und das Kartoffelmehl hinzugeben und das Ganze zu einem Teig verarbeiten.

2 Knödel formen und mit dem Daumen ein Loch hineindrücken. In jede Öffnung eine Zwetschge geben und die Öffnung fest verschließen. Die Knödel in kochendem Salzwasser 8–10 Minuten gar ziehen lassen, dann gut abtropfen lassen und auf einen Teller legen.

3 Butter im Topf schmelzen, Semmelbrösel hinzugeben und anbräunen. Je etwas Sauerrahm mit den Knödeln auf die Teller geben, etwas Butterbrösel über die Knödel verteilen, mit Zimtzucker sowie Puderzucker bestreuen und mit etwas Preiselbeeren servieren.

www.kreuzwirt-fischen.de

Warum gerade hier?

Seit über 40 Jahren dreht der Eckart die Allgäuer Zwetschgenknödel im Kreuzwirt. Damit gehört der Gasthof im Herzen von Fischen zu den wenigen Betrieben, die diese Allgäuer Traditionsspeise noch frisch und ohne jegliche Zusatzstoffe zubereiten.

Dieses Rezept kommt von

Dorfgasthof beim Kreuzwirt
Hauptstr. 13
87538 Fischen
Tel.: 08326/380 74

Der Geheimtipp des Kochs

Für die Zwetschgenknödel kann man frische oder gefrorene Zwetschgen verwenden. Obst aus dem Glas eignet sich nicht. Einen besonderen Geschmack bekommt das Gericht, wenn man den Stein der Zwetschge entfernt und sie stattdessen mit einem kleinen Stück Marzipan oder einem Stück Würfelzucker füllt. Man kann auch etwas Mohn über die Knödel streuen, das gibt ein leicht nussiges Aroma.

Der Geheimtipp des Kochs

Der Hollerstrauch blüht nur wenige Wochen im Jahr (je nach
Standort zwischen Mai und Juli) – und nur in dieser Zeit gibt es die
Hollerkücherl. Die Holunderblütendolden übrigens nur vorsichtig ausschütteln –
feuchte oder gewaschene Blüten nehmen den Teig nicht an.

Hollerkücherl

1 Für den Ausbackteig die Eier aufschlagen. Mit Milch, Wein, Rum, Honig, Vanillezucker, Salz und Mehl zu einem flüssigen Teig verquirlen. Die Masse ca. 30 Minuten quellen lassen.

2 In einem hohen Topf Butterschmalz erhitzen. Holunderblüten-dolden zuerst in den Teig tauchen und sogleich im heißen Butter-schmalz mit dem Stiel nach oben goldgelb backen. Ausgebackene Holunderblüten auf Küchenkrepp abtropfen lassen und sogleich warm mit Puder- oder Zimtzucker bestreut servieren.

Serviervorschlag
Vanillesoße oder Vanilleeis passen wunderbar dazu.

www.entenstube.de

Dieses Rezept kommt von
Restaurant Enten Stub'n
Unterdorf 2
91757 Treuchtlingen/Dietfurt
Tel.: 09142/67 07

Warum gerade hier?
Die Enten Stub'n will Omas traditionelle Küche be-wahren und damit bei den Gästen Kindheitserinne-rungen wecken. Außerdem gibt es in ganz Bayern wohl nur eine Handvoll Gasthäuser, die diese Spe-zialität noch anbieten.

Bayerische Creme

1 Gelatine im kalten Wasser einweichen. Die Sahne steif schlagen und kalt stellen.

2 Eigelbe mit Zucker in einer Schlagschüssel oder unten abgerundeten Schüssel gut verrühren. Milch und Vanillemark aufkochen und unter ständigem Rühren zu der Zucker-Eigelb-Masse geben. Über dem 80 °C heißen Wasserbad (am besten mit einem Küchenthermometer kontrollieren) bis auf etwa 60 °C unter ständigem Rühren weißschaumig aufschlagen und »zur Rose abziehen« – siehe Geheimtipp.

3 Vom Wasserbad nehmen, die eingeweichte Gelatine ausdrücken und in die warme Masse geben. Mit dem elektrischen Handmixer auf höchster Stufe ca. 5 Minuten kalt schlagen. Wenn die Masse kalt ist, die geschlagene Sahne locker unterheben – siehe Geheimtipp.

4 Die Creme in Kaffee- oder Espressotassen füllen, kalt stellen und fest werden lassen. Zum Stürzen mit einem dünnen Messer am Tassenrand entlangfahren und die Tasse kurz in gut warmes Wasser tauchen.

Serviervorschlag

Zur Bayerischen Creme passen viele Obst- und Beerensorten, z. B. als gemischtes Ragout oder püriert als Fruchtsoßen.

www.oedenturm.de

Warum gerade hier?

Isabeau de Bavière war eine Prinzessin von Bayern aus dem Hause der Wittelsbacher. Die spätere Königin von Frankreich wollte in ihrer neuen Heimat eine feine Variante der bayerischen »Rahmsulz« etablieren. So entstand – laut Legende – die Bayerische Creme, auch bekannt als Crème bavaroise. Der Koch im Gasthof Ödenturm, Ernst Hunger, macht die Creme selbst und ganz frisch. So muss es sein!

Dieses Rezept kommt von

Gasthof Ödenturm
Am Ödenturm 11
93413 Chammünster
Tel.: 09971/892 70

Der Geheimtipp des Kochs

Die Masse »zur Rose« abziehen, heißt: Man sieht daran, ob
die Masse richtig aufgeschlagen ist.
Das funktioniert so: wenn die Masse anfängt, dicker zur werden, eine
Schöpfkelle kurz in die Masse tauchen, umdrehen und leicht daraufpusten;
wenn das Muster einer »Rose« gleicht, leichte, kreisförmige Wellen entstehen, ist die Masse richtig aufgeschlagen.
Wichtig ist auch, die geschlagene Sahne erst unter die Masse zu heben,
wenn sie wirklich kalt ist. Keinesfalls lauwarm unterheben, da sie sonst
die Stabilität und Luft verliert.

Faschingskrapfen

Für 4 Personen

500 g Mehl

1 Prise Salz

30 g Hefe

200 ml Milch

50 g Zucker

2 Eier

1 Eigelb

80 g weiche Butter

2 EL Rum oder Kirsch-
wasser

1 Alle Zutaten zusammen mindestens 8 Minuten mit einem Handrührgerät mit Knethaken gut verkneten. Der Teig soll eine glatte
Oberfläche haben und sich leicht von der Schüssel lösen. Anschließend zugedeckt etwa 10 Minuten ruhen lassen.

2 Jetzt den Teig noch einmal richtig mit der Hand auf dem Tisch
durchkneten und danach Teigstücke zu je 50 g abwiegen. Ein
Geschirrtuch auf ein Backblech legen und dieses gut mit Stärke
bestauben. Die runden Teiglinge auf das bestaubte Geschirrtuch
legen, dabei darauf achten, dass nicht mehr als neun Stück auf
einem Blech liegen. Krapfen ganz locker und luftdicht mit einer

www.baeckerei-gruenwald.de

Dieses Rezept kommt von
Bäckerei Grünwald
Heidenfelderstr. 7
97209 Veitshöchheim
Tel 0931/970 19 80

Frischhaltefolie abdecken und ca. 1 Stunde, je nach Zimmertemperatur, langsam gehen lassen. Das Volumen sollte sich ver-
doppeln. 20 Minuten vor dem Backen die Folie vorsichtig entfernen,
damit die Oberfläche etwas antrocknen kann.

3 Das Fett in einem großen, breiten Topf mit Deckel erwärmen. Dabei darauf achten, dass das Fett nicht zu heiß ist; ca. 170 °C sind
perfekt, am besten mit einem Küchenthermometer kontrollieren.
Die Krapfen vorsichtig mit der Oberseite, die jetzt abgekrustet ist,
in das Fett legen und den Deckel daraufgeben. Der Deckel darf für
mindestens 2 Minuten nicht geöffnet werden, nur so entsteht der
helle Rand! Nachdem die Krapfen eine helle braune Farbe haben,
mit zwei Gabeln wenden. Den Deckel jetzt weglassen. Krapfen ins-
gesamt zweimal auf jeder Seite backen. Anschließend mit einem
Schaumlöffel herausnehmen und auf Küchenkrepp abtropfen und
auskühlen lassen.

4 Zuletzt die Krapfen mit Hiffenmark füllen. Dafür einen Spritzbeutel
mit einer kleinen Lochtülle nehmen, diese an der Seite in den weißen
Krapfenrand stecken und das Mark einfüllen. Wer keinen Spritzbeutel hat, kann's mit einer Faschings-Krankenschwester-Spritze
versuchen. Zu guter Letzt die Krapfen mit Zucker oder Puderzucker
bestreuen.

> ## Außerdem
> Speisestärke
>
> 2 kg Erdnussfett (alter-
> nativ Pflanzenfett)
>
> Hiffenmark (Hagebutten-
> mark, Hagebutten-
> konfitüre)
>
> Zucker oder Puder-
> zucker zum Bestreuen

Der Geheimtipp des Kochs

Wichtig ist, dass der Hefeteig für die Krapfen lang geknetet wird.
Dadurch wird er schön glänzend und die Krapfen später schön locker. Bevor die Teiglinge ins heiße Fett kommen, sollten sie leicht antrocknen. Dadurch bekommen die Krapfen eine schöne Kruste. Wenn Sie die
Teiglinge ins heiße Fett legen, sollten Sie danach sofort den Deckel auf den
Topf geben, denn nur so entsteht der typische weiße Krapfenrand. Und die
traditionellen fränkischen Faschingskrapfen werden ausschließlich mit Hiffenmark gefüllt!

Warum gerade hier?

Veitshöchheim gehört zu den Orten in Bayern, in denen der Fasching (oder die Fastnacht) so richtig
gefeiert wird. Dazu gehören natürlich auch Krapfen. Die gibt's in der Bäckerei Grünwald – ein echter
Traditions- und Familienbetrieb, der auf über 50 Jahre fränkische Backkunst zurückblicken kann – in
exzellenter Qualität.

Bratapfel mit Vanillesoße

Für 4 Personen

4 kinderfaustgroße, säuerliche Äpfel (z. B. Pink Lady, Boskoop)

Für die Füllung

ca. 3 TL Mandelblättchen

ca. 20 Amarettini

ca. 80 g Marzipanmasse

1 Msp. Zimtpulver

1 Schuss Amaretto

etwas Orangenabrieb

etwas geriebene Tonkabohne (gibt's im gut sortierten Supermarkt oder im Gewürzfachhandel)

1/4 l Apfelsaft

1 Zweig Rosmarin

1 Den Backofen auf 175 °C (Umluft) vorheizen. Die Äpfel waschen, Deckel abschneiden und die Äpfel vom Kerngehäuse befreien. Das geht am besten mit einem Apfelausstecher.

2 Für die Füllung die Mandelblättchen ohne Öl in einer beschichteten Pfanne kurz anrösten. Amarettini und Marzipan mit den Fingern in eine Schüssel bröseln. Mandeln, Zimt, Amaretto, Orangenabrieb dazugeben, die Masse gut durchkneten und mit etwas geriebener Tonkabohne abschmecken.

3 Die Füllung großzügig in die Äpfel geben, sie darf ruhig oben herausschauen. Die Deckel daraufsetzen. Die Äpfel in eine feuerfeste Form stellen, mit dem Apfelsaft übergießen und den Rosmarinzweig dazulegen. Das Ganze 35 – 40 Minuten (je nach Größe) im Backofen garen.

4 Für die Vanillesoße währenddessen Milch und Sahne in einem Topf mit 4 EL Puderzucker verrühren. Die Vanilleschote längs hal-

Der Geheimtipp des Kochs

Die Vanillesoße und die Äpfel können Sie gut vorbereiten. Einfach die Apfelinnenseiten mit Zitrone einreiben, damit sie nicht braun werden. Die gefüllten Äpfel dann kurz vor dem Essen wie oben beschrieben in den Ofen schieben, die Vanillesoße aufwärmen.
Ganz schnell geht es, wenn Sie eine fertige Vanillesoße kaufen und diese mit Rum und einer ausgeschabten Vanilleschote verfeinern.

www.zumgeiss-straubing.de

Dieses Rezept kommt von
Wirtshaus »Zum Geiss«
Theresienplatz 49
94315 Straubing
Tel.: 09421/30 09 37

bieren, das Mark herauskratzen und dazugeben. Die ausgeschabte Vanilleschote kommt auch in die Milch, sie gibt noch einmal ordentlich Geschmack ab. Die Mischung bis kurz vor dem Siedepunkt erhitzen, sofort vom Herd nehmen und einige Minuten abkühlen lassen.

5 In einer großen Rührschüssel die Eigelbe mit den restlichen 2 EL Zucker schaumig schlagen. Die Vanilleschote aus der Milch fischen, anschließend einen Schöpflöffel mit Milch unter ständigem Schlagen in die Eigelbmasse geben. Schöpflöffelweise die restliche Milch nach und nach hinzugießen und gut umrühren. Die Eiermilch zurück in den Topf geben und ganz langsam erhitzen. Dabei ständig umrühren, bis die Mischung nach einigen Minuten eindickt.
Vorsicht: nicht zu dick werden lassen, sonst gerinnt das Eigelb.
Zuletzt die Vanillesoße in tiefen Suppentellern anrichten und die Äpfel darauf verteilen. Wer mag, stäubt noch einmal ein wenig Zimt darüber.

Für die Vanillesoße

1/2 l Vollmilch

565 g Sahne
(knapp 3 Becher)

6 EL Puderzucker

1 Vanilleschote

8 große Eigelb

Warum gerade hier?

Das »Zum Geiss« ist das älteste Wirtshaus in Straubing. Haindling, Angela Merkel, Nicolas Sarkozy – alle waren hier schon beim Essen und wo's denen schmeckt, kann's ja nicht verkehrt sein. In der Küche steht ein echter Experte: Küchenchef Salvatore hat unter anderem schon für Sternekoch Johann Lafer gearbeitet und viele Dessert-Tricks vom Meister gelernt.

Der Geheimtipp des Kochs

Der traditionelle Nürnberger Lebkuchen ist der Elisenlebkuchen, der vermutlich nach einer Lebküchner-Tochter benannt wurde. Er beinhaltet mehr Nüsse als die normalen Lebkuchen und wird außerdem mit wenig bis gar keinem Mehl gebacken. Ob er am Schluss mit Schokolade oder Zucker überzogen wird, ist egal. Liebhaber essen ihn auch gerne natur. Übrigens: Ein echter Nürnberger Lebkuchen wird immer mit drei Mandeln dekoriert!

www.woitinek.de

Dieses Rezept kommt von

Lebküchnerei Woitinek
Peter-Henlein-Str. 1 u. 7
90443 Nürnberg
Tel.: 0911/41 42 21

Elisenlebkuchen

1 Zucker, Honig und Eiweiß in eine Schüssel geben und miteinander vermengen. Mandeln und Haselnüsse auf ein Backblech geben und im 175 °C heißen Backofen (Ober- und Unterhitze) ca. 10 Minuten anrösten. Alternativ geht das auch in einer Pfanne. Nüsse, Mehl, Lebkuchengewürz und Hirschhornsalz zur Masse geben und gut vermengen. Zum Schluss Marzipan, Orangeat und Zitronat hinzufügen. Alles zu einer weichen, streichfähigen Masse verrühren. Sollte der Teig zu fest sein, einfach noch etwas Eiweiß dazugeben.

2 Die Oblaten 1 – 2 cm dick mit der Lebkuchenmasse bestreichen. Das geht am besten mit einer kleinen Palette oder einer Teigspachtel. Die Lebkuchen auf einem mit Backpapier ausgelegten Backblech verteilen und mit jeweils drei Mandelhälften verzieren. Alles ca. 24 Stunden ruhen lassen. Dadurch bekommen die Lebkuchen außen eine leichte Haut und bleiben innen schön saftig. Am besten stellen Sie das Blech an einen warmen Platz – z. B. in den Heizungskeller oder in die Nähe des Kachelofens.

3 Am Folgetag die Lebkuchen im Backofen bei ca. 180 °C (Umluft) für ca. 12 Minuten backen. Während des Backvorgangs die Ofentür zwei- oder dreimal kurz öffnen, damit der Wasserdampf, der beim Backen entsteht, entweichen kann. Sind die Lebkuchen fertig, diese unbedingt auskühlen lassen, sonst brechen sie leichter.

Serviervorschlag
Essen Sie die Leckerei pur. Alternativ überziehen Sie die Elisenlebkuchen entweder mit guter Kuvertüre (keine Fettglasur) oder einer Zuckerglasur.

Für ca. 20 Stück

- 180 g brauner Zucker
- 50 g Honig
- 120 g Eiweiß (= ca. 4 getrennte Eier)
- 250 g fein geriebene Mandeln
- 50 g grob gehackte Haselnüsse
- 20 g Weizenmehl
- 20 g Lebkuchengewürz
- 10 g Hirschhornsalz oder Backpulver
- 50 g Marzipanrohmasse
- 25 g fein gehacktes Orangeat
- 25 g fein gehacktes Zitronat
- ca. 20 große Oblaten (90 mm)
- ca. 60 geschälte Mandelhälften für die Deko

Warum gerade hier?
Die Tradition des Lebkuchenbackens geht in Nürnberg auf das 14. Jahrhundert zurück. Für die Gebäckstücke wurden Gewürze wie Anis, Nelken oder Ingwer verwendet – im Mittelalter nur schwer erhältliche Zutaten. Doch Nürnberg lag an mehreren Gewürzstraßen, sodass die Bäcker verhältnismäßig leicht an die exotischen Produkte gelangten – und bald wurden die Nürnberger Lebkuchen durch florierenden Handel weltbekannt. Die Lebküchnerei Woitinek stellt diese Spezialität bereits seit über 100 Jahren her und ohne Übertreibung: Sie schmecken großartig!

Augsburger Glühwein

Für 4 Personen

3/4 l halbtrockener
Rotwein

Honig

1/2 Zimtstange

2 Nelken

1 Orangenscheibe

1/2 Zitronenscheibe

1 Den Rotwein in einen Topf schütten und langsam erhitzen. Wichtig ist, dass der Glühwein die 70-Grad-Marke nicht übersteigt, das heißt: nicht kochen lassen! Am besten verwenden Sie ein Thermometer. Den Wein je nach Geschmack mit Honig süßen. Zimtstange und Nelken dazugeben und 20 Minuten ziehen lassen – je nach Geschmack auch gerne länger.

2 Anschließend die Gewürze entfernen und erst dann die unbehandelten Fruchtscheiben in den Topf geben, also erst kurz vor dem Servieren.

Variationen

Einen besonderen Geschmack erhalten Sie, wenn Sie den Glühwein noch mit etwas Heidelbeerwein verfeinern. Ordentlich Turbo bekommt der Glühwein durch Hinzufügen eingelegter Rumkirschen. Aber Vorsicht: Drei Stück pro Tasse sind erst einmal völlig ausreichend! Wollen Sie die Rumkirschen selbst machen, dann kaufen Sie ein Glas Schattenmorellen und gießen den Saft ab. Das Ganze wird mit Ihrem Lieblingsrum aufgefüllt, bis alle Kirschen bedeckt sind. Den vollen Rumgeschmack übernimmt das Obst aber erst nach einem Jahr. Wenn Sie die Kirschen also 2013 ansetzen, können Sie sie 2014 genießen.

www.sternenschaenke.de

Warum gerade hier?

Der Augsburger Christkindlesmarkt ist noch älter als der weltberühmte Nürnberger. Louis Bartmann stellt jede Glühweinsorte selbst her – frisch und ohne jegliche Fertigprodukte. Da gibt's garantiert kein Schädelweh!

Dieses Rezept kommt von

Sternenschänke – Familie Bartmann
Augsburger Christkindlesmarkt
Rathausplatz
86154 Augsburg

Der Geheimtipp des Kochs

Die Temperatur des Glühweins darf die 70-Grad-Marke nicht übersteigen, sonst verkocht der Alkohol. Sollte der Topf trotzdem mal zu heiß werden, kann der Glühwein mit anderen Spirituosen wie z. B. Rum wieder aufgemotzt werden. Zudem sollten Sie keine gemahlenen Gewürze verwenden, da der Glühwein sonst trüb wird. Bei den Früchten darauf achten, dass sie unbehandelt sind. Gesüßt wird das Getränk nur mit Honig und nicht mit Zucker. Das gibt einen besseren Geschmack. Außerdem möglichst nur einen lieblichen Wein verwenden, der Ihnen kalt auch schmecken würde.

Rezepteregister

Gasthofverzeichnis (nach Postleitzahlen)

Impressum

Unser komplettes Programm:

www.j-berg-verlag.de

Verantwortlich J. Berg Verlag: Kerstin Thiele

In Zusammenarbeit mit der Redaktion
ANTENNE BAYERN: Detlef Kuschka, Claudia Germann,
Sarah Klein und Andi Christl, www.antenne.de

Lektorat: Michaela Zelfel, Tegernsee
Layout: Elke Mader, München
Umschlaggestaltung: Karin Vollmer, München
Kartografie: Heidi Schmalfuß, München
Repro: Cromika, Verona
Herstellung: Barbara Uhlig
Printed in Slovenia by Korotan, Ljubljana

Alle Angaben dieses Werkes wurde von den Autoren sorgfältig recherchiert und auf den aktuellen Stand gebracht
sowie vom Verlag geprüft. Für die Richtigkeit der Angaben
kann jedoch keine Haftung übernommen werden.

Für Hinweise und Anregungen sind wir jederzeit dankbar.
Bitte richten Sie diese an:
J. Berg Verlag in der Bruckmann Verlag GmbH
Postfach 400209
D-80702 München
E-Mail: lektorat@bruckmann.de

Bildnachweis: Alle Foodfotos von @stockfood GmbH,
München außer: S.6/7 Jan Greune/getty images; S.28/29
thinkstock/iStockphoto; S.106/107 Kzenon/fotolia; S.72 C.P.
Fischer; S.38,77,91,125 Studio L'Eveque Harry Bischof,
Egglham; S.17,34,51,64,67,68,86,109,130 Andi Christl;

Alle Gasthoffotos von den jeweiligen Gasthöfen, außer die
Stadtansichten: S. 50,57,101 Bahnmüller Bildverlag,
Geretsried.

Die Deutsche Nationalbibliothek verzeichnet diese
Publikation in der Deutschen Nationalbibliografie;
detaillierte bibliografische Daten sind im Internet über
http://dnb.d-nb.de abrufbar.

ISBN 978-3-86246-089-2

Wir lieben
Bayern

Wir lieben
Hits